그림으로 배우는

네트워크

NetWork 원리

Gene 저 · 김성훈 역

YoungJin.com Y.
영진닷컴

그림으로 배우는
네트워크 원리

図解まるわかりネットワークのしくみ

(Zukai Maruwakari Network no Shikumi:5749-8)
©2018 Gene Original Japanese edition published by SHOEISHA Co.,Ltd.
Korean translation rights arranged with SHOEISHA Co.,Ltd.
in care of JAPAN UNI AGENCY, INC. through KOREA COPYRIGHT CENTER.
Korean translation copyright © 2020 by YOUNGJIN.COM

ISBN 978-89-314-6184-8

독자님의 의견을 받습니다
이 책을 구입한 독자님은 영진닷컴의 가장 중요한 비평가이자 조언가입니다. 저희 책의 장점과 문제점이 무엇인지, 어떤 책이 출판되기를 바라는지, 책을 더욱 알차게 꾸밀 수 있는 아이디어가 있으면 이메일, 또는 우편으로 연락주시기 바랍니다. 의견을 주실 때에는 책 제목 및 독자님의 성함과 연락처(전화번호나 이메일)를 꼭 남겨 주시기 바랍니다. 독자님의 의견에 대해 바로 답변을 드리고, 또 독자님의 의견을 다음 책에 충분히 반영하도록 늘 노력하겠습니다.

주 소   (우)08507 서울특별시 금천구 가산디지털1로 128 STX-V타워 4층 401호
대표팩스   (02)867-2207
등 록   2007. 4. 27. 제16-4189호
이메일   support@youngjin.com

저자 Gene | **역자** 김성훈 | **책임** 김태경 | **진행** 최윤정
표지 디자인 임정원 | **본문 디자인** 이경숙 | **영업** 박준용, 임용수, 김도현
마케팅 이승희, 김근주, 조민영, 김예진, 이은정 | **제작** 황장협 | **인쇄** 서정바인텍

저자 머리말

오늘날 네트워크는 우리에게 매우 친숙한 존재가 됐습니다. 특히 스마트폰의 보급으로 우리는 더욱 네트워크와 가까워졌습니다. 업무를 위해서든 개인적인 용도로든 나이와 성별을 불문하고, 많은 사람이 인터넷에 접속해 다양한 서비스를 이용합니다.

이처럼 우리 생활에 친숙한 네트워크이므로, '**도대체 네트워크의 구조는 어떻게 생겼을까?**'라는 호기심을 품은 사람도 많을 것입니다. 그런 분들의 호기심을 충족시키고, 네트워크 기술에 한층 더 흥미를 불러일으킬 수 있기를 바라면서 이 책을 집필했습니다.

하지만, 무턱대고 모르는 기술이나 용어를 공부해 봐야, 네트워크 통신은 여러 기술을 조합해 실현되므로 복잡하게만 느껴질지도 모릅니다. 네트워크 기술을 이해하는 핵심은 우선 확실하게 전체 그림을 파악하는 일이라고 생각합니다.

이 책에서는 우선 평소 이용하는 네트워크의 전체적인 모습을 살펴본 다음, 네트워크를 구성하는 라우터나 레이어2 스위치와 같은 네트워크 기기의 동작 원리 등을 설명합니다.

이 책에서 설명하는 내용은 네트워크 기술로 들어가는 작은 입구에 지나지 않습니다. 이 책을 손에 들고 읽어주신 여러분이 더 심오한 네트워크 기술에 흥미를 느낄 수 있으면 좋겠습니다.

마지막으로 이 책은 많은 분의 힘으로 완성됐습니다. 함께 해주신 모든 분께 이 자리를 빌려 인사드립니다. 감사했습니다.

Gene

역자 머리말

회사나 가정에서 거의 필수품이 된 컴퓨터는 물론이고, 근래 빠르게 보급되어 정착한 스마트폰, 구석구석 안전하게 지켜주는 CCTV, 이동 통신망과 이어진 커넥티드 카에 이르기까지 수많은 장치가 우리 생활 곳곳에서 네트워크로 밀접하게 연결되어 있습니다.

도로에서 사람과 자동차가 안전하게 통행하려면, 교통신호 체계를 이해하고 각종 표지나 올바른 추월 방법 등 정해진 약속을 지키면서 운전해야 합니다. 네트워크의 경우도 네트워크를 구성하는 각 장치가 배후에서 약속된 규칙대로 유무선 전송 매체를 통해 데이터를 주고받기에, 우리가 안전하고 편리하게 어디서든 정보를 활용할 수 있는 것입니다.

이 책에는 이제 생활의 일부가 되어버린 네트워크가 무엇인지 이해하는 데 필요한 개념들이 망라되어 있습니다. TCP/IP 프로토콜에서부터 복잡한 라우팅 기술, 웹의 동작 원리, LAN 구축, 클라우드 서비스까지 설명과 그림을 통해 이해하기 쉽게 풀어서 설명합니다. 각 네트워크 계층별로 자세하게 프로토콜이 동작하는 모습을 이미지로 잘 나타낸 점도 좋습니다. 그림을 통해 데이터가 회선을 지나 상대방에게 전달되는 과정을 자연스럽게 머릿속에 떠올릴 수 있습니다.

이 책은 하나의 주제가 한눈에 들어오도록 구성되어 있어, 사전처럼 궁금한 부분만 찾아볼 때도 도움이 됩니다. 처음 등장하는 용어 설명이 뒤에 나오는 경우가 종종 있으니, 여러 번 읽을수록 이해가 더 깊어질 것입니다.

좋은 책들과 새로 인연을 맺게 해 주시고 책이 나오기까지 애써주신 편집자님께 감사드립니다. 끝으로 독자 여러분이 네트워크의 구조를 이해하는 데 이 책이 도움이 되길 바랍니다!

2020년 1월 옮긴이 김성훈

차례

Ch 1 네트워크의 기본
네트워크의 전체상을 이해하자   13

웹사이트의 동작 원리
매일 보는 웹사이트, 얼마나 알고 있을까?

Ch 5 이더넷과 무선 LAN
우선 같은 네트워크 안에서 전송한다

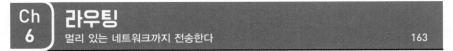

Ch 6 **라우팅**
멀리 있는 네트워크까지 전송한다
163

Ch>>> **1**

네트워크의
기본

네트워크의 전체상을 이해하자

무엇을 위해서 네트워크를 이용할까?

도대체 네트워크가 뭘까?

네트워크라고 한마디로 말하지만, 넓은 의미에서 네트워크에는 물류, 교통, 인맥 등도 포함됩니다. 그물처럼 구성된 시스템을 나타내는 말이 네트워크입니다. 이 책에서는 그중에서도 컴퓨터끼리 데이터를 주고받는 시스템인 **컴퓨터 네트워크**를 설명합니다.

컴퓨터 네트워크는 PC나 스마트폰과 같은 정보 단말 기기를 서로 연결해서 만들어집니다. 컴퓨터 네트워크 덕분에 다른 사람과 데이터를 주고받을 수 있습니다(그림 1-1).

이전에는 많은 PC를 도입한 일부 대기업에서만 컴퓨터 네트워크를 이용했지만, 현재는 대부분의 기업이나 일반인도 이용하고 있습니다. 이제부터 이 책에서는 컴퓨터 네트워크를 '네트워크'라고 표기합니다.

네트워크를 이용하는 목적

데이터를 주고받는 행위 자체는 네트워크를 이용하는 목적이 아니라 수단에 지나지 않습니다. 우리는 주로 다음과 같은 이익을 얻고자 네트워크를 이용합니다(그림 1-2).

- ◆ 정보를 수집한다.
- ◆ 문서 파일 등을 공유한다.
- ◆ 효율적으로 커뮤니케이션한다.
- ◆ 출장 신청이나 정산 등의 업무를 처리한다.

그밖에도 일상 생활이나 업무 등에서 다양한 목적으로 매일 네트워크가 이용됩니다. 이젠 네트워크를 사용하는 게 너무나 당연해서, 그다지 의식하지 않고 있을지도 모릅니다. 하지만, 네트워크를 이용하는 목적을 분명히 하면, 네트워크의 중요성도 명확해질 것입니다.

그림1-1 컴퓨터 네트워크

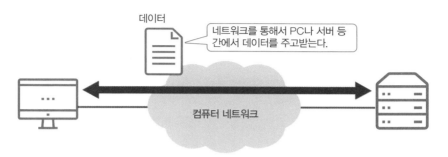

그림1-2 네트워크를 이용하는 목적

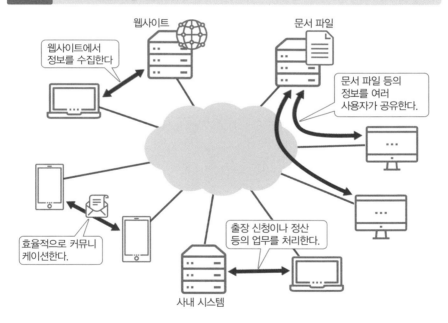

Point

✔ PC나 스마트폰, 서버 등을 네트워크에 접속함으로써 데이터를 주고받을 수 있게 된다.

✔ 네트워크는 정보 수집이나 커뮤니케이션 효율화 등 다양한 목적을 위해 이용된다.

누가 이용할 수 있는 네트워크인가?

네트워크의 분류 //

네트워크는 이용하는 기술 등을 바탕으로 다양한 관점에서 분류할 수 있습니다. 그 중에서도 '누가 이용할 수 있는 네트워크인가?'라는 관점에서 볼 때, 크게 다음 2가지로 분류하면 이해하기 쉽습니다.

◆ 사용자를 제한하는 사설 네트워크
◆ 누구나 이용할 수 있는 인터넷

사내 네트워크나 가정 네트워크처럼 접속할 수 있는 사용자를 직원이나 가족으로 한정하는 **사설 네트워크**가 있습니다. 사내 네트워크는 원칙적으로 그 기업의 직원만 이용할 수 있고, 가정 네트워크는 가족만 이용할 수 있습니다(그림 1-3).

반면에 **인터넷**은 접속할 사용자를 제한하지 않고, 누구든 이용할 수 있는 네트워크입니다. 인터넷에 접속하면, 다른 사용자와 자유롭게 데이터를 주고받을 수 있습니다(그림 1-4).

사설 네트워크만으로는… //

사용자가 제한된 사설 네트워크인만큼 장점도 그다지 많지 않습니다. 예를 들어, 사내 네트워크는 같은 회사 직원끼리만 파일을 공유하고 메일을 주고받을 수 있습니다. 가정 네트워크라면 그 사용자의 가족끼리만 통신할 수 있습니다.

일반적으로 접속할 수 있는 사용자가 많아질수록 네트워크의 가치가 높아집니다. 그래서 네트워크의 이용 가치를 높이고, 사용자가 더 많은 장점을 누릴 수 있도록 사설 네트워크를 인터넷에 연결하는 경우가 대부분입니다.

그림1-3 사설 네트워크의 개요

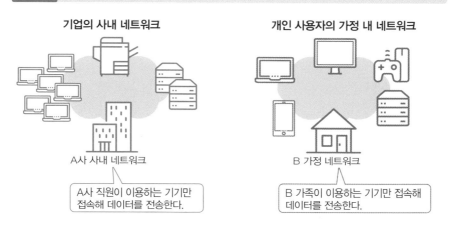

기업의 사내 네트워크

A사 사내 네트워크

A사 직원이 이용하는 기기만 접속해 데이터를 전송한다.

개인 사용자의 가정 내 네트워크

B 가정 네트워크

B 가족이 이용하는 기기만 접속해 데이터를 전송한다.

그림1-4 인터넷의 개요

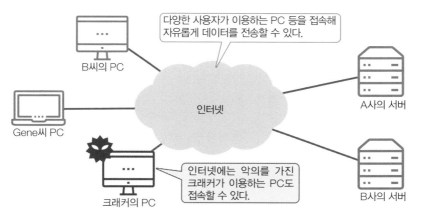

B씨의 PC

Gene씨 PC

인터넷

다양한 사용자가 이용하는 PC 등을 접속해 자유롭게 데이터를 전송할 수 있다.

A사의 서버

B사의 서버

크래커의 PC

인터넷에는 악의를 가진 크래커가 이용하는 PC도 접속할 수 있다.

※크래커란 시스템에 부정침입하거나 데이터 도청이나 변조 등의 행위(크래킹)를 하는 악의를 가진 사용자를 말한다.

Point

✔ 네트워크 사용자에 따라서 사설 네트워크와 인터넷 네트워크의 2가지로 분류할 수 있다.

✔ 사설 네트워크는 회사나 가정 내로 접속할 수 있는 사용자를 제한한다.

✔ 인터넷은 접속할 수 있는 사용자를 제한하지 않는 네트워크다.

사내 네트워크 구성

LAN과 WAN

네트워크에 관한 용어로 LAN(Local Area Network의 줄임말)과 WAN(Wide Area Network의 줄임말)이라는 말이 자주 등장합니다. LAN과 WAN으로 구성된 기업의 사내 네트워크(인트라넷)로 생각하면, 이 둘의 차이를 쉽게 알 수 있습니다.

예를 들어, 규모가 큰 기업은 복수의 거점을 구축합니다. 이때 각 거점의 네트워크가 LAN입니다. LAN을 구축함으로써 거점 내의 PC나 서버의 통신이 가능해집니다. 또한, 개인 사용자의 가정 내 네트워크도 LAN입니다.

복수의 거점에서 파일을 공유하거나, 메일을 주고받으려면 거점 간의 통신도 필요합니다. 거점의 LAN 끼리 서로 연결하는 것이 WAN입니다(그림 1-5).

다시 말해, 거점 내 네트워크가 LAN이고, LAN끼리 연결하기 위한 것이 WAN입니다.

LAN과 WAN의 구축과 관리, 비용

LAN은 직접 구축하고 관리합니다. LAN을 구축하기 위해서는 각 기기 배치나 배선 그리고 필요한 설정을 해야 합니다. 주로 유선(이더넷)이나 무선 LAN을 지원하는 기기를 이용하는데, 기기 비용이나 설정을 위한 인건비 등의 초기 비용이 들어갑니다. 구축한 후에도 정상적으로 가동되도록 매일 관리할 필요가 있습니다. LAN을 이용할 때 별도의 통신요금이 들진 않지만, 관리를 위한 인건비 등의 관리 비용은 필요합니다.

WAN은 NTT와 같은 통신사업자가 구축하고 관리합니다. 통신사업자가 제공하는 WAN 서비스에는 여러 종류가 있으므로, 적절한 WAN 서비스를 선택하세요. 구축 비용은 서비스 초기 계약 비용과 통신 요금을 통신사업자에게 지불합니다. 통신 요금은 통신량을 기준으로 하는 종량제 방식과 고정 요금 방식 등 서비스에 따라서 요금 체계가 달라집니다(표 1-1).

LAN은 직접 구축하여 관리하고, 그 LAN을 연결하기 위해서는 적절한 WAN 서비스를 계약하는 것이 중요합니다.

그림1-5 LAN과 WAN

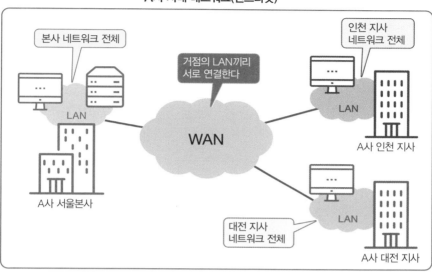

A사 사내 네트워크(인트라넷)

본사 네트워크 전체

인천 지사
네트워크 전체

거점의 LAN끼리
서로 연결한다

LAN

LAN

WAN

A사 인천 지사

A사 서울본사

대전 지사
네트워크 전체

LAN

A사 대전 지사

표1-1 LAN과 WAN의 정리

	LAN	WAN
역할	거점 내 기기끼리 서로 연결한다	거점인 LAN끼리 서로 연결한다
구축 및 관리	직접 구축하고 관리한다	통신사업자가 구축하고 관리한다
초기 비용	설계와 구축 인건비, 기기 비용	서비스 계약 요금
관리 비용	관리자 인건비	통신요금

Point

✔ 사내 네트워크는 LAN과 WAN으로 구성된다.

✔ LAN은 거점 내 네트워크를 말하며, 직접 구축하고 관리할 필요가 있다.

✔ 통신사업자가 제공하는 WAN 서비스로 거점이 되는 LAN끼리 연결할 수 있다.

네트워크의 네트워크

인터넷의 구성 요소 //

누구나 이용할 수 있는 **인터넷**은 전 세계의 다양한 조직이 관리하는 네트워크가 연결된 것입니다. 그 조직의 네트워크를 **AS**(Autonomous System)라고 부릅니다.

AS의 구체적인 예는 인터넷 접속 서비스를 제공하는 NTT 커뮤니케이션즈와 같은 **인터넷 서비스 프로바이더**(ISP)입니다. Google이나 Amazon 등 인터넷 상에서 서비스를 제공하는 기업 네트워크도 AS입니다.

ISP의 상위 그룹을 Tier1이라고 부릅니다. 일본에서는 NTT 커뮤니케이션즈가 Tier1입니다. Tier1 이외의 ISP는 최종적으로는 Tier1에 연결되어 자신이 관리하지 않는 네트워크의 정보도 입수합니다. 결국, 인터넷 상의 모든 ISP는 Tier1을 경유해서 연결되는 것입니다.

사용자는 인터넷을 이용할 때, 어딘가의 ISP와 인터넷 접속 서비스를 계약합니다. 인터넷에 연결되면, 자신이 계약한 ISP의 사용자뿐만 아니라 다른 ISP의 사용자와도 통신할 수 있습니다(그림 1-6).

인터넷 접속 서비스의 개요 //

ISP와 계약하고 가정이나 사내 네트워크의 라우터를 ISP의 라우터(라우터에 관한 자세한 내용은 6장을 참조)와 연결하면, 인터넷을 이용할 수 있게 됩니다. 라우터를 통하지 않고 노트북이나 스마트폰 등을 ISP의 라우터와 접속하는 방법도 있습니다.

ISP의 라우터와 접속하기 위해서는 [표 1-2]와 같은 고정 회선 또는 모바일 회선을 이용합니다. 어떤 통신 회선으로 ISP와 접속할지는 통신 품질이나 요금 등을 보고 선택합니다.

그림1-6 인터넷의 구성

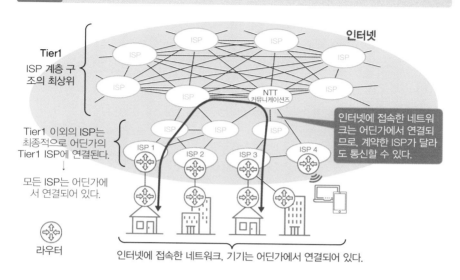

Tier1
ISP 계층 구
조의 최상위

Tier1 이외의 ISP는
최종적으로 어딘가의
Tier1 ISP에 연결된다.
↓
모든 ISP는 어딘가에
서 연결되어 있다.

라우터

인터넷에 접속한 네트워
크는 어딘가에서 연결되
므로, 계약한 ISP가 달라
도 통신할 수 있다.

인터넷에 접속한 네트워크, 기기는 어딘가에서 연결되어 있다.

표1-2 고정 회선과 모바일 회선의 종류

고정 회선	
전용선	통신 속도는 보장되지만 비용이 비싸다.
전화회선(ADSL)	전화회선을 이용해 저가에 인터넷에 접속할 수 있다.
광케이블(FTTH)	광케이블을 이용해 고속으로 인터넷에 접속할 수 있다.
케이블 TV 회선	케이블 TV 회선을 인터넷 접속에도 이용한다.

모바일 회선	
휴대전화망(4G LTE)	휴대전화망을 이용한 광역 인터넷 접속이 가능하다.
WiMAX/WiMAX2 회선	WiMAX망을 이용한 광역 인터넷 접속이 가능하다.
무선 LAN(Wi-Fi)	Wi-Fi 액세스 포인트의 제한된 범위에서 인터넷에 접속할 수 있다.

Point

✔ 인터넷은 다양한 조직의 네트워크인 AS가 서로 연결되어 있다.

✔ AS의 예는 인터넷 접속 서비스를 제공하는 ISP이다.

✔ 인터넷 접속 서비스에 따라, 고정 회선이나 모바일 회선으로 ISP와 접속해 인터넷을 이용
한다.

1-5 애플리케이션, 피어투피어 애플리케이션

무엇이 데이터를 주고받을까?

데이터를 주고받는 주체

데이터를 주고받는 주체는 주로 **애플리케이션**입니다. 애플리케이션을 동작시키는 컴퓨터는 클라이언트와 서버로 분류할 수 있습니다. 클라이언트는 일반 PC나 스마트폰입니다. 서버는 수많은 PC 등에서 보내는 요청을 처리하는 비교적 고성능 컴퓨터입니다.

예를 들어, 웹사이트를 볼 때 PC나 스마트폰 등에서는 웹브라우저가 동작하고, 서버에서는 서버 애플리케이션이 동작합니다. 웹브라우저와 웹서버 애플리케이션 사이에서 데이터 통신이 일어납니다. 애플리케이션끼리 데이터를 주고받을 수 있게 준비하는 전단계의 통신 등도 발생하지만, 데이터를 주고받는 주체는 애플리케이션이라는 사실만 우선 기억해두세요.

데이터 통신은 양방향으로 이루어진다는 사실도 중요합니다. 대체로 애플리케이션은 서버 애플리케이션에 파일 전송 요청 등 뭔가 **요청**(리퀘스트)을 보내고, 서버 애플리케이션은 그 요청의 처리 결과를 **응답**(리플라이)으로서 반환합니다. 요청과 응답 데이터를 바르게 주고받을 수 있어야만 비로소 애플리케이션의 기능이 작동하는 것입니다.

이처럼 서버와 통신하는 애플리케이션을 **클라이언트 서버 애플리케이션**이라고 부릅니다(그림 1-7).

피어투피어 애플리케이션

서버를 거치지 않고 클라이언트끼리 직접 데이터를 주고받는 애플리케이션을 피어투피어 애플리케이션이라고 합니다(그림 1-8). 피어투피어 애플리케이션의 예는 SNS의 메신저나 온라인 게임 등이 있습니다. 단, 통신 상대를 특정하고자 서버를 이용하는 경우는 있습니다.

그림1-7 통신의 주체는 애플리케이션

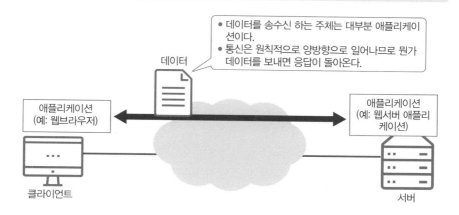

데이터

- 데이터를 송수신 하는 주체는 대부분 애플리케이션이다.
- 통신은 원칙적으로 양방향으로 일어나므로 뭔가 데이터를 보내면 응답이 돌아온다.

애플리케이션
(예: 웹브라우저)

애플리케이션
(예: 웹서버 애플리케이션)

클라이언트

서버

그림1-8 피어투피어 애플리케이션

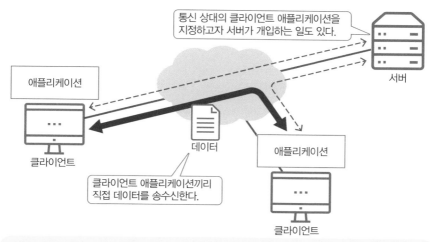

통신 상대의 클라이언트 애플리케이션을 지정하고자 서버가 개입하는 일도 있다.

서버

애플리케이션

데이터

애플리케이션

클라이언트

클라이언트 애플리케이션끼리 직접 데이터를 송수신한다.

클라이언트

Point

✔ 데이터를 송수신하는 통신의 주체는 애플리케이션

✔ 애플리케이션간의 통신은 양방향이다.

✔ 애플리케이션간의 통신 방식은 '클라이언트 서버 애플리케이션'과 '피어투피어 애플리케이션'으로 분류된다.

통신에서 이용하는 언어

통신을 위한 규칙

우리가 한국어나 영어와 같은 언어로 대화를 하는 것처럼, 컴퓨터 통신에서는 **네트워크 아키텍처**를 이용합니다. 즉, 대화에 사용하는 언어에 해당하는 것이 네트워크 아키텍처입니다.

언어에는 문자 표기법, 발음, 문법 등 다양한 규칙이 있습니다. 네트워크 아키텍처도 마찬가지입니다. 통신 상대를 지정하는 법, 다시 말해 주소나 데이터 형식, 통신 절차 등의 규칙이 필요합니다. 통신에 필요한 규칙을 **프로토콜**이라고 합니다. 프로토콜의 집합이 바로 네트워크 아키텍처(네트워크 아키텍처는 '프로토콜 스택' '프로토콜 스위트'로도 불립니다)입니다.

서로 같은 언어로 대화하는 것처럼, 컴퓨터끼리의 통신에서도 같은 네트워크 아키텍처를 이용할 필요가 있습니다.

네트워크의 공통 언어는 TCP/IP

네트워크 아키텍처에는 [그림 1-10]처럼 몇 가지 종류가 있지만, 현재는 대부분 TCP/IP를 이용합니다. TCP/IP는 이른바 네트워크의 공통 언어입니다.

TCP/IP에서는 네트워크를 통해 애플리케이션의 데이터를 주고받기 위해, 역할별로 네 가지로 계층화된 복수의 프로토콜을 조합합니다.

프로토콜을 계층화하면, 나중에 변경하거나 확장하기 쉬워지는 장점이 있습니다. 예를 들어, 프로토콜을 변경하거나 기능을 추가할 때는 기본적으로 그 프로토콜만 생각하면 됩니다.

TCP/IP에 관한 자세한 내용은 3장에서 다시 설명합니다(그림 1-11).

그림 1-9 네트워크 아키텍처

PC, 서버, 스마트폰 등의
정보 단말이 사용하는 언어
네트워크
아키텍처
언어
(영어, 한국어 등)
복수의 프로토콜을
조합해 네트워크
아키텍처가 된다
프로토콜
1
프로토콜
2
프로토콜
3
프로토콜
4
문법
문자의
표기
관용표현
문자의
발음
다양한 규칙을
조합해 언어가
된다

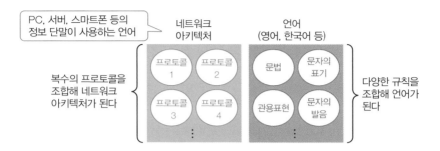

그림 1-10 네트워크 아키텍처의 예

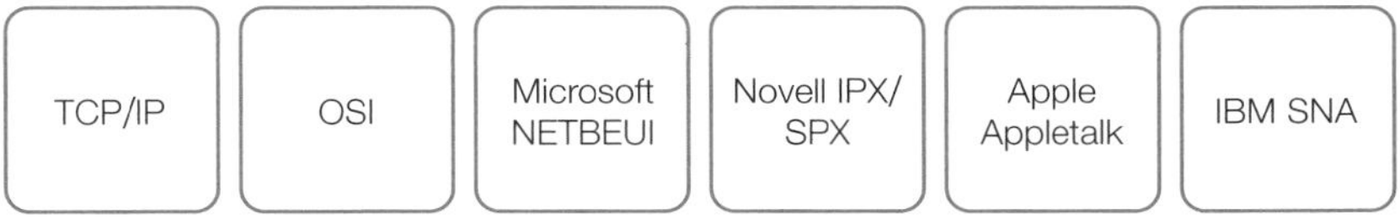

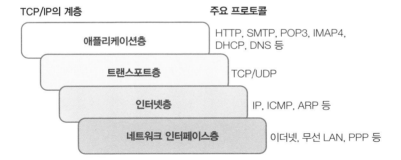

TCP/IP
OSI
Microsoft
NETBEUI
Novell IPX/
SPX
Apple
Appletalk
IBM SNA

그림 1-11 TCP/IP의 계층

TCP/IP의 계층
주요 프로토콜
애플리케이션층
HTTP, SMTP, POP3, IMAP4,
DHCP, DNS 등
트랜스포트층
TCP/UDP
인터넷층
IP, ICMP, ARP 등
네트워크 인터페이스층
이더넷, 무선 LAN, PPP 등

Point

- ✔ 통신하기 위한 데이터 형식 등의 규칙을 프로토콜이라고 부른다.
- ✔ 복수의 프로토콜을 조합한 네트워크 아키텍처에 기반하여 통신한다.
- ✔ 현재는 네트워크 아키텍처로서 TCP/IP를 이용한다.

서버를 운용 · 관리한다

서버 운용 · 관리의 어려운점

애플리케이션이 제대로 동작하려면, **서버**가 항상 가동되고 있어야 합니다. 또한, 새로운 서버를 도입하려면 적절한 하드웨어를 선정해 OS와 서버 애플리케이션을 설치하고 테스트해야 합니다. 중요한 데이터를 다루는 서버에서는 서버의 상태를 항상 감시하고 있으며, 뭔가 문제가 발생하면 바로 대처합니다. 데이터 백업도 항상 해두어야 합니다. 또 필요에 따라서는 처리 능력을 확장할 필요가 있습니다. 보안 대책도 중요합니다. 이처럼 서버 운용 관리에는 시간과 비용이 들어갑니다.

서버를 인터넷(클라우드) 저편으로

서버를 직접 관리 운용하지 않고, 인터넷을 통해(인터넷을 경유하지 않고, 사설 네트워크를 경유하는 클라우드 서비스도 있습니다) 서버의 기능만 이용할 수 있게 한 것이 **클라우드 서비스**입니다. 인터넷은 구름 저편에 있는 서버를 이용하는 이미지로, 구름(클라우드) 아이콘으로 자주 표현됩니다. 이런 서비스 방식은 인터넷을 경유하므로 클라우드 서비스라고 합니다(그림 1-12).

덧붙여, 직접 서버를 운용 관리하는 기존 서버 운영 방법은 **온프레미스**라고 합니다.

클라우드 서비스의 장단점

클라우드 서비스 사업자가 서버를 도입하고 운용 관리합니다. 예를 들어, 파일 서버의 저장 용량이 부족해졌다면, 사용자는 서비스 계약을 변경하기만 하면 됩니다.

클라우드 서비스는 매우 편리하지만, 보안이나 가용성에 주의가 필요합니다. 자신의 관리가 미치지 않는 범위에서 데이터가 유지되는 점과 서비스를 이용할 수 없게 될 가능성도 있다는 점을 인식해 둡시다.

그림1-12 클라우드 서비스의 개요

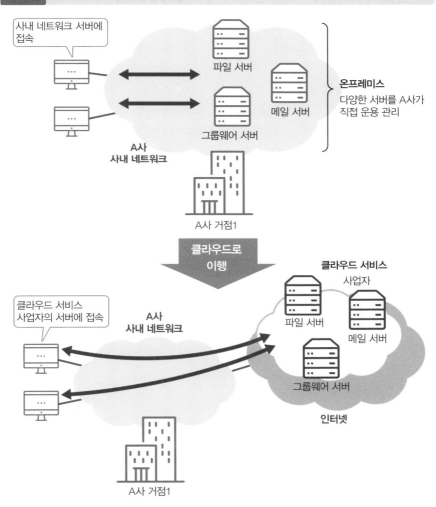

사내 네트워크 서버에
접속

파일 서버

메일 서버

그룹웨어 서버

A사
사내 네트워크

온프레미스
다양한 서버를 A사가
직접 운용 관리

A사 거점1

**클라우드로
이행**

클라우드 서비스
사업자

파일 서버

메일 서버

그룹웨어 서버

클라우드 서비스
사업자의 서버에 접속

A사
사내 네트워크

인터넷

A사 거점1

Point

✔ 클라우드 서비스는 인터넷을 통해 서버의 기능을 이용한다.

✔ 클라우드 서비스는 사업자가 서버를 도입하고 운용 및 관리한다.

✔ 클라우드 서비스는 보안이나 가용성에 주의가 필요하다.

1-8

SaaS, PaaS, IaaS

서버의 어느 부분을 사용하지?
클라우드 서비스의 분류

클라우드 서비스의 분류

클라우드 서비스는 네트워크를 경유해 서버의 어느 부분을 사용자가 이용할 수 있게
하느냐에 따라서 다음 세 가지로 분류할 수 있습니다(그림 1-13).

- ◆ IaaS
- ◆ PaaS
- ◆ SaaS

IaaS는 네트워크를 경유해 서버의 CPU와 메모리, 저장장치와 같은 하드웨어 부분을
이용할 수 있게 합니다. 사용자는 IaaS의 서버 상에서 다시 OS와 미들웨어, 애플리
케이션을 추가합니다. IaaS를 이용해 클라우드 서비스 사업자의 서버에서 자유롭게
시스템을 만들어 이용할 수 있습니다.

PaaS는 네트워크를 경유해 서버의 플랫폼을 이용할 수 있게 합니다. 플랫폼이란 OS
와 OS 상에서 동작하는 데이터베이스 등의 미들웨어를 포함한 부분을 가리킵니다.

클라우드 서비스 사업자의 플랫폼에서 사용자는 사내 업무 시스템과 같은 독자적인
애플리케이션을 추가하여 자유롭게 이용할 수 있습니다.

SaaS는 네트워크를 경유해 서버의 특정 소프트웨어 기능을 이용할 수 있게 합니다.
일반 개인 사용자가 이용하는 클라우드 서비스는 대부분 SaaS이므로 가장 상상하기
쉬울 것입니다.

구체적인 SaaS의 예는 온라인 스토리지 서비스입니다. 온라인 스토리지 서비스에서
는 사용자에게 네트워크를 경유해 파일 서버 기능을 제공합니다. 사용자는 자유롭게
파일을 저장하고 공유할 수 있습니다.

그림1-13 클라우드 서비스의 분류

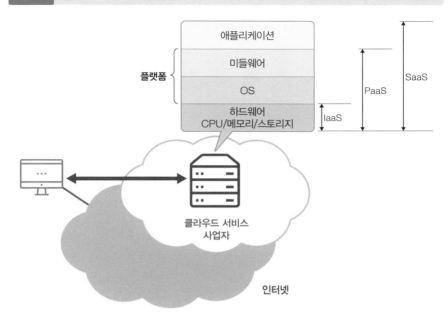

클라우드 서비스의 분류	서버의 어느 부분까지 제공되는가
IaaS(Infrastructure as a Service)	CPU/메모리/스토리지와 같은 하드웨어 부분만
PaaS(Platform as a Service)	하드웨어에 더해 OS/미들웨어의 플랫폼 부분까지
SaaS(Software as a Service)	하드웨어 부분부터 애플리케이션 부분까지

※ IaaS는 HaaS(Hardware as a Serice)라고도 한다.

Point

✔ 클라우드 서비스는 서버의 어느 부분까지 이용할 수 있게 하느냐에 따라 세 가지로 분류
  할 수 있다.
  - IaaS 하드웨어
  - PaaS 플랫폼
  - SaaS 애플리케이션

실습코너

네트워크를 이용하는 목적을 생각해보자

여러분은 보통 어떤 목적으로 네트워크를 이용하고 있습니까? 생각나는대로 써보세요.

답변 예시

◆ 인터넷 쇼핑 사이트에서 물건을 산다.

◆ 은행 온라인 뱅킹으로 이체한다.

◆ 증권사의 온라인 트레이딩 시스템으로 주식을 매매한다.

◆ SNS로 친구나 지인과 메시지를 주고받는다.

◆ 전자책을 다운로드해서 읽는다.

◆ 유튜브로 동영상을 본다.

◆ 스트리밍으로 좋아하는 아티스트의 음악을 듣는다.

새삼 생각해 보면, PC나 스마트폰으로 하는 일의 대부분이 네트워크를 이용한다는 것을 알 수 있습니다. 네트워크를 사용할 수 없게 된다면, 이런 일들을 전혀 하지 못하게 되고 맙니다. 네트워크가 왜 중요한지 실감할 수 있겠지요?

Ch>>> **2**

네트워크를
만드는 것

네트워크는 어떻게 만들어졌을까?

네트워크의 규모는 각각 다르다

네트워크를 어떻게 표현할 것인가

네트워크는 다음에 설명하는 것처럼 다양한 네트워크 기기와 PC, 서버 등을 케이블로 연결해서 구성됩니다. 1장에서 설명할 때도 이용했지만, 문서 등에서는 네트워크를 간단히 나타내고자 대부분 **구름 모양의 클라우드 아이콘**으로 기재합니다(그림 2-1).

네트워크라고 해도 규모는 제 각각

같은 클라우드 아이콘이라도 앞뒤 문맥에 따라 클라우드 아이콘이 가리키는 네트워크 규모가 다르니 주의하세요.

예를 들어, 가정 내 네트워크라면 PC나 스마트폰, 가전제품 등이 접속되는 정도입니다. 하나의 클라우드 아이콘이 그 정도 소규모 가정 네트워크를 가리키기도 합니다.

또한, 기업 네트워크라면 부서별로 네트워크를 나누는 경우가 많습니다. 하나의 클라우드 아이콘이 몇십 대나 되는 PC가 접속된 부서별 네트워크를 나타낼 때도 있고, 부서별 네트워크가 많이 모인 기업 네트워크 전체를 나타낼 때도 있습니다. 이 경우, 접속되는 PC나 서버 등의 기기는 수백에서 수천 대가 될 것입니다.

더욱이 인터넷은 전 세계의 다양한 조직의 네트워크가 서로 접속된 굉장히 거대한 네트워크입니다. 하나의 클라우드 아이콘이 인터넷 전체를 나타내기도 합니다. 인터넷 전체에서 접속되는 기기는 몇십 억대에 이릅니다(그림 2-2).

그림 2-1 구름으로 네트워크를 표현

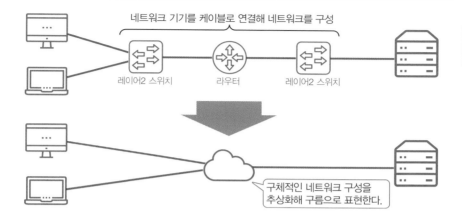

네트워크 기기를 케이블로 연결해 네트워크를 구성

레이어2 스위치   라우터   레이어2 스위치

구체적인 네트워크 구성을
추상화해 구름으로 표현한다.

그림 2-2 클라우드 아이콘이 나타내는 네트워크의 규모는 다양하다

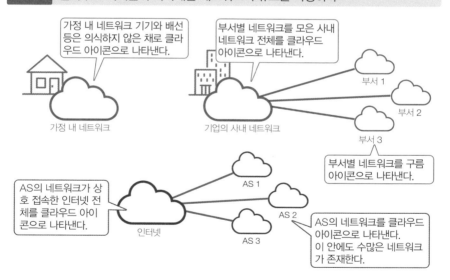

가정 내 네트워크 기기와 배선
등은 의식하지 않은 채로 클라
우드 아이콘으로 나타낸다.

부서별 네트워크를 모은 사내
네트워크 전체를 클라우드
아이콘으로 나타낸다.

가정 내 네트워크

기업의 사내 네트워크

부서 1

부서 2

부서 3

부서별 네트워크를 구름
아이콘으로 나타낸다.

AS의 네트워크가 상
호 접속한 인터넷 전
체를 클라우드 아이
콘으로 나타낸다.

인터넷

AS 1

AS 2

AS 3

AS의 네트워크를 클라우드
아이콘으로 나타낸다.
이 안에도 수많은 네트워크
가 존재한다.

Point

✔ 네트워크의 구체적인 구성을 추상화해, 클라우드 아이콘으로 네트워크를 표현할 수 있다.

✔ 클라우드 아이콘으로 표현하는 네트워크의 규모는 전후의 문맥에 달려있다.

네트워크를 구성하는 기기

기본적인 네트워크 기기 //

네트워크를 구성하는 구체적인 네트워크 기기로는 주로 다음 세 가지가 있습니다(자세한 설명은 5장과 6장을 참조하세요).

- ◆ 라우터
- ◆ 레이어2 스위치
- ◆ 레이어3 스위치

이 네트워크들은 기기는 모두 데이터를 전송합니다. 데이터 전송 처리는 주로 다음 세 단계로 이루어집니다.

1. 데이터 수신

전기신호 등 물리적 신호로 변환된 데이터를 원래 디지털 신호(0, 1)로 되돌린다.

2. 데이터를 보낼 곳을 결정

데이터에 부가된 제어 정보를 참조하여 전송할 곳을 결정한다.

3. 데이터 전송

데이터를 물리적인 신호로 변환해서 내보낸다. 필요하면 제어 정보를 고쳐쓴다.

네트워크 기기의 차이는 두 번째 단계에 있습니다. 데이터에는 다양한 제어 정보가 부가됩니다. 네트워크 기기의 동작 메커니즘에서는 어느 제어 정보를 참조해서 데이터를 보낼 곳을 결정하는지가 중요합니다(그림 2-3). 각 네트워크 기기의 자세한 동작 메커니즘에 관해서는 6장에서 다시 설명합니다.

그림 2-3 기본적인 네트워크 기기

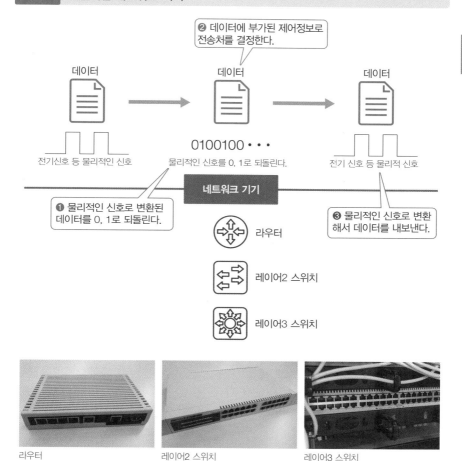

❷ 데이터에 부가된 제어정보로 전송처를 결정한다.

데이터

데이터

데이터

0100100 · · ·

전기신호 등 물리적인 신호

물리적인 신호를 0, 1로 되돌린다.

전기 신호 등 물리적 신호

네트워크 기기

❶ 물리적인 신호로 변환된 데이터를 0, 1로 되돌린다.

❸ 물리적인 신호로 변환해서 데이터를 내보낸다.

라우터

레이어2 스위치

레이어3 스위치

라우터

레이어2 스위치

레이어3 스위치

Point

✔ 기본적인 네트워크 기기는 3종류
  • 레이어2 스위치, 라우터, 레이어3 스위치
✔ 데이터 전송처리 절차
  1. 데이터 수신 2. 데이터 보낼 곳 결정 3. 데이터 전송

네트워크의 구체적인 구성

네트워크의 구체적인 구성을 생각해 봅시다.

인터페이스

네트워크 기기끼리나 PC, 서버 등을 연결하기 위해 각각의 기기에는 **인터페이스가** 갖추어져 있습니다. 현재, 가장 일반적으로 이용되는 것은 이더넷 인터페이스입니다 (그림 2-4).

인터페이스는 종종 **포트**라고도 불립니다. 인터페이스나 포트를 같은 의미라고 생각 합시다. 이더넷 인터페이스는 이더넷 포트나 LAN 포트로도 불립니다.

전송 매체와 링크

각 기기에 달린 인터페이스끼리 연결(**링크**)합니다. 인터페이스를 서로 연결하는 케이 블을 **전송 매체**라고 합니다. 데이터를 변환한 전기신호 등 물리적인 신호가 전송 매 체를 통해 전달되어 갑니다.

전송 매체는 유선 케이블뿐만 아니라, 무선 전파인 경우도 있습니다. Wi-Fi처럼 전 송 매체가 무선일 경우는 인터페이스도 링크도 보이지 않지만, 무선을 지원하는 기 기와 연결되는 무선 링크도 있습니다.

이처럼 다양한 기기의 인터페이스를 전송 매체로 연결해 링크를 구성함으로써 네트 워크가 형성됩니다(그림 2-5).

인터페이스는 무엇의 경계일까?

인터페이스는 '경계'라는 의미로, 네트워크 인터페이스는 '0' '1'의 디지털 데이터와 전 기신호와 같은 물리적 신호의 경계입니다. PC와 스마트폰 등 네트워크 기기가 다루 는 '0'과 '1'의 디지털 데이터는 전기신호 등 물리적 신호로 변환되어 인터페이스에서 송출되고, 링크로 전달되어 갑니다(그림 2-6).

그림 2-4　이더넷 인터페이스의 예

그림 2-5　구체적인 네트워크의 구성

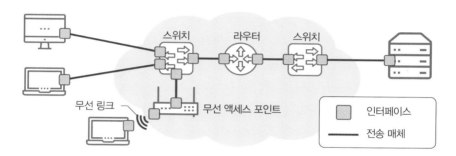

그림 2-6　인터페이스는 경계

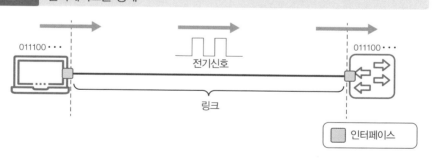

Point

✔ PC나 서버, 네트워크 기기에는 네트워크에 접속하기 위한 인터페이스가 갖추어져 있다.

✔ 인터페이스끼리 전송 매체(케이블 등)로 연결하고 링크를 구성해서 네트워크를 만든다.

✔ 인터페이스는 '0' '1'의 디지털 데이터와 물리적인 신호의 경계다.

네트워크를 만든다

LAN의 주요 기술

사내 네트워크나 개인 사용자의 가정내 네트워크 등을 구성하는 LAN은 우리의 일상과 매우 친숙해졌습니다. 1장에서 설명했지만, LAN은 사용자가 직접 만드는 네트워크입니다. 현재, LAN을 구축하는 주요 기술(그밖에 토큰링크, FDDI 등도 이용됐지만, 현재는 토큰링크나 FDDI를 이용하는 경우는 거의 없습니다)은 다음 두 가지 입니다. 각 기술에 관해서는 5장에서 다시 다루겠습니다.

- ◆ 이더넷
- ◆ 무선 LAN(Wi-Fi)

LAN의 구축

사용자가 직접 LAN을 구축하려면, 이더넷 인터페이스가 있는 라우터와 레이어2, 레이어3 스위치 등의 네트워크 기기를 준비해야 합니다(그림 2-7).

준비된 기기들의 네트워크 인터페이스를 LAN 케이블로 연결해 가면, 기기 사이에 링크가 구성되고 LAN이 만들어집니다. 말하자면 이 네트워크는 유선 LAN이 됩니다.

무선 LAN을 이용하려면, 네트워크 기기인 무선 LAN 액세스 포인트와 무선 LAN 인터페이스가 있는 PC나 스마트폰 등을 준비할 필요가 있습니다. 노트북 PC나 스마트폰은 대부분 무선 LAN 인터페이스를 갖추고 있습니다. 무선 LAN 액세스 포인트는 '무선 LAN 친(親)기', 노트북 PC나 스마트폰은 '무선 LAN 자(子)기'로 표현하는 경우도 종종 있습니다. 그리고 각각에 필요한 설정을 하면, 무선 LAN의 링크가 완성됩니다. 무선 LAN 만으로 통신하는 것은 아니며, 무선 LAN과 유선 LAN을 연결합니다.

이러한 LAN의 구축은 규모의 차이가 있을 뿐, 가정 네트워크든 기업 네트워크든 같습니다(그림 2-8).

그림 2-7 가정내 네트워크 구축

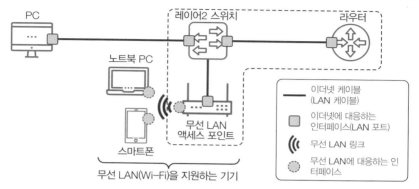

※ 가정용 기기는 라우터, 레이어2 스위치, 무선 LAN 액세스 포인트가 1대의 기기에 내장되는 것이 일반적이다.

그림 2-8 사내 네트워크 구축

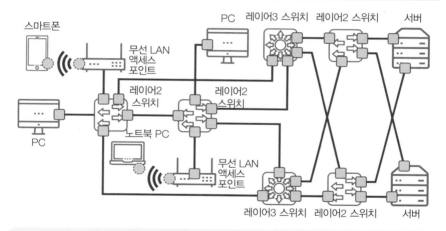

Point

✔ LAN을 구축하는 주요 기술은 다음 두 가지
  • 이더넷
  • 무선 LAN(Wi-Fi)

✔ 이더넷 인터페이스를 갖춘 기기의 이더넷 인터페이스끼리 연결해서 LAN을 구축한다

✔ 무선 LAN 인터페이스를 갖춘 기기끼리 무선 LAN 링크를 만든다.

어떤 네트워크를 만들고 싶은가?

네트워크 설계 프로세스 \\

단순히 인터페이스끼리 연결해봤자 네트워크를 구축할 수는 없습니다. 가정 네트워크 정도의 소규모 네트워크라면 그때그때 되는대로 만들 수도 있지만, 기업 네트워크에선 그럴 수 없습니다. 미리 어떤 네트워크를 만들고 싶은지 생각할 필요가 있고, 이렇게 구상하는 것을 **네트워크 설계**라고 부릅니다. 네트워크는 크게 나눠 네 가지 단계로 설계할 수 있습니다(그림 2-9).

1. 요건정의

가장 중요한 것은 요건정의 프로세스입니다. 요건이란 네트워크에 요구되는 기능과 성능입니다. 사용자의 네트워크 이용 목적을 조사합니다. 어떤 애플리케이션에서 데이터가 어느 정도 발생하고, 어떻게 전송해야 하는지 등 네트워크에 필요한 기능과 성능을 명확히 합니다.

2. 설계

요건을 구체적인 네트워크 구성으로 구현하는 것이 좁은 의미에서의 설계입니다. 제대로 설계하기 위해서는 네트워크의 구조를 이해하고 있지 않으면 이야기가 되지 않습니다. 네트워크를 구성하는 기기도 결정해야 하므로, 네트워크 기기의 제품 지식도 필요합니다. 또한, 네트워크 기기 설정도 설계 프로세스에서 결정해 둡니다.

3. 구축

설계에서 결정한 네트워크 구성에 따라, 네트워크 기기 배치와 배선, 설정을 합니다. 그리고 제대로 동작하는지 확인합니다.

4. 운용관리

매일 네트워크 기기의 상태를 점검합니다. 문제가 일어나면, 원인을 파악하고 복구해서 정상으로 동작하도록 관리합니다.

그림 2-9 네트워크 설계 프로세스

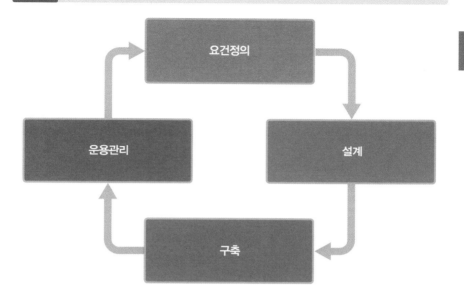

프로세스	개요
요건정의	네트워크에 필요한 기능과 성능을 명확히 한다.
설계	요건정의에서 결정한 요건을 만족할 수 있도록 구체적인 네트워크 구성을 결정한다.
구축	설계한 네트워크를 바탕으로 기기의 배치, 배선, 필요한 설정을 한다.
운용관리	네트워크가 정상으로 동작하도록 점검한다. 문제가 있으면 원인을 파악해 복구한다.

Point

✔ 네트워크를 설계하는 주요 프로세스
  1. 요건정의
  2. 설계
  3. 구축
  4. 운용관리

네트워크 구성을 파악하자

네트워크 구성도의 종류 //////////////////////

네트워크를 설계하기 위해서는 네트워크 구성을 파악해 두는 것이 대전제입니다. 설계할 때, 네트워크 구성도인 '논리구성도'와 '물리구성도'를 이해하기 쉽게 정리해 두는 것이 매우 중요합니다.

네트워크간의 연결을 나타내는 논리구성도 //////////////////////

논리구성도를 이용해 네트워크끼리 어떻게 연결되는지 나타냅니다. 기술적인 관점에서 하나의 네트워크는 라우터 또는 레이어3 스위치로 구분됩니다. 그리고, 라우터와 레이어3 스위치는 복수의 네트워크를 연결합니다.

논리구성도의 핵심은 몇 개의 네트워크가 어느 라우터와 레이어3 스위치로 연결되는지 파악하기 쉽게 정리하는 것입니다(그림 2-10).

기기의 배치와 배선을 나타내는 물리구성도 //////////////////////

물리구성도를 이용해 각 기기의 물리적인 배치와 각 기기의 인터페이스가 어떻게 연결되어 있는지 나타냅니다.

물리구성도의 핵심은 어느 기기의 어느 인터페이스가 어떠한 케이블로 배선되는지 파악하기 쉽게 정리하는 것입니다(그림 2-11).

물리구성도와 논리구성도의 대응 //////////////////////

하나의 물리구성도에 대응하는 논리구성도가 하나뿐이라고는 단정할 수 없습니다. 네트워크 기기 설정에 따라, 같은 물리구성도에 대응하는 논리구성도가 몇 가지나 될 수 있습니다.

네트워크 기기에 이루어지는 설정에서의 논리구성도와 물리구성도의 대응 관계를 확실하게 파악하기 쉽게 정리해 둡시다.

그림 2-10 논리구성도의 예

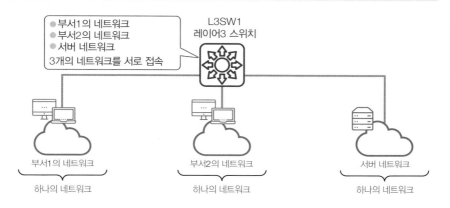

● 부서1의 네트워크
● 부서2의 네트워크
● 서버 네트워크
3개의 네트워크를 서로 접속

L3SW1
레이어3 스위치

부서1의 네트워크 　　　부서2의 네트워크 　　　서버 네트워크

하나의 네트워크 　　　하나의 네트워크 　　　하나의 네트워크

그림 2-11 물리구성도의 예

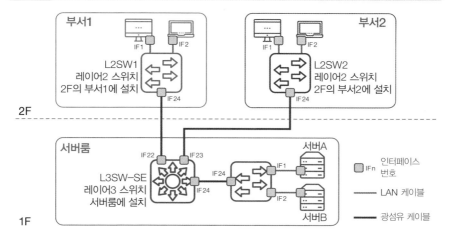

부서1

IF1　IF2

L2SW1
레이어2 스위치
2F의 부서1에 설치

IF24

부서2

IF1　IF2

L2SW2
레이어2 스위치
2F의 부서2에 설치

IF24

2F

서버룸

IF22　　IF23

L3SW-SE
레이어3 스위치
서버룸에 설치

IF24

IF24

서버A

IF1

IF2

서버B

1F

IFn 인터페이스 번호

―― LAN 케이블

━━ 광섬유 케이블

Point

✔ 네트워크를 운용하고 관리하기 위해서는 네트워크 구성을 바르게 파악해두는 것이 중요하다.

✔ 네트워크 구성도에는 두 가지 종류가 있다.
   • 논리구성도
   • 물리구성도

실습코너

이용하는 네트워크 기기를 조사해보자

이용하는 PC 또는 스마트폰이 접속된 네트워크 기기를 조사해 봅시다. 네트워크 기기와 접속된 전송 매체에도 주목해 보세요.

접속된 네트워크 기기	
전송 매체	

그림 2-1 접속된 네트워크 기기 / 전송 매체의 예

유선인 경우	
접속된 네트워크 기기	레이어2 스위치
전송 매체	LAN 케이블(UTP 케이블)

무선인 경우	
접속된 네트워크 기기	무선 LAN 액세스포인트 또는 무선 LAN 액세스포인트가 내장된 브로드밴드 라우터
전송 매체	전파(2.4GHz 대역 또는 5GHz 대역)

Ch>>> **3**

네트워크의
공통 언어
TCP/IP

네트워크의 공통 규칙

네트워크의 공통 언어

PC도 스마트폰도 서버도 TCP/IP를 사용한다

1장에서 간단히 알아봤지만, PC와 스마트폰 등이 통신하는 규칙을 프로토콜이라고 하고, 복수의 프로토콜을 조합한 것이 네트워크 아키텍처입니다. 네트워크 아키텍처는 우리가 사용하는 언어에 해당합니다.

예전에는 TCP/IP뿐만 아니라 여러 가지 네트워크 아키텍처가 있었지만, 지금은 거의 TCP/IP만 이용합니다.

TCP/IP는 TCP와 IP를 중심으로 하는 프로토콜의 집합으로, 네트워크의 공통 언어입니다. PC나 스마트폰 등의 OS에도 TCP/IP가 내장되어 있으므로 간단히 이용할 수 있습니다. 또한, TCP/IP로 통신하는 PC와 스마트폰, 각종 네트워크 기기 전반을 **호스트**라고 부릅니다.

TCP/IP의 계층구조

TCP/IP에서는 네트워크를 통해 통신하기 위한 기능을 계층화하고 복수의 프로토콜을 조합하여 실현했습니다. TCP/IP의 계층구조는 아래부터 '네트워크 인터페이스층', '인터넷층', '트랜스포트층', 최상위에 '애플리케이션층'으로 모두 4계층입니다(TCP/IP에서는 4계층이지만, 7계층으로 계층화한 OSI 참조 모델도 있습니다. 7계층 OSI 참조 모델을 기반으로 하는 네트워크 아키텍처를 실무에서 사용하는 경우는 없으므로, 이 책에서는 자세히 다루지 않습니다).

[그림 3-1]에서는 각 계층에 포함되는 대표적인 프로토콜을 정리했습니다. 4개 계층의 프로토콜이 모두 정상적으로 제기능을 해야 비로소 통신이 이루어집니다. 그리고, 어떤 계층이 기능을 발휘하려면, 그 하위 계층이 정상적으로 동작한다는 것을 전제로 합니다. 웹 액세스의 경우, 프로토콜의 조합은 [그림 3-2]의 예와 같습니다.

그림 3-1 TCP/IP의 계층

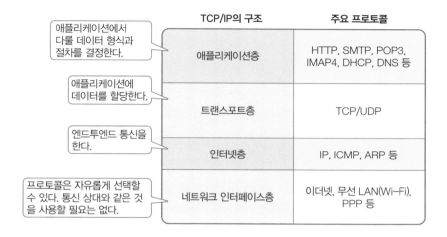

애플리케이션에서 다룰 데이터 형식과 절차를 결정한다.

애플리케이션에 데이터를 할당한다.

엔드투엔드 통신을 한다.

프로토콜은 자유롭게 선택할 수 있다. 통신 상대와 같은 것을 사용할 필요는 없다.

TCP/IP의 구조	주요 프로토콜
애플리케이션층	HTTP, SMTP, POP3, IMAP4, DHCP, DNS 등
트랜스포트층	TCP/UDP
인터넷층	IP, ICMP, ARP 등
네트워크 인터페이스층	이더넷, 무선 LAN(Wi-Fi), PPP 등

Chapter 3

그림 3-2 웹 액세스의 프로토콜 조합

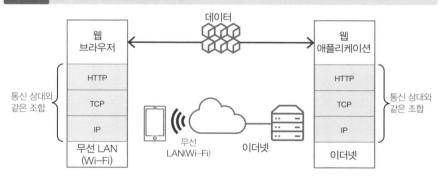

Point

✔ TCP/IP는 4계층으로 구성된다.
- 네트워크 인터페이스층
- 인터넷층
- 트랜스포트층
- 애플리케이션층

✔ 각 계층에 포함된 프로토콜을 조합해 애플리케이션이 통신한다.

데이터를 전송하는 역할을 하는 계층

네트워크 인터페이스층 ///

네트워크 인터페이스층의 역할은 같은 네트워크 안에서 데이터를 전송하는 것입니다. 기술적인 관점에서 말하자면, 하나의 네트워크는 라우터와 레이어3 스위치로 구획되는 범위, 또는 레이어2 스위치로 구성하는 범위입니다(그림 3-3).

예를 들어, 레이어2 스위치에 연결된 PC의 인터페이스에서 같은 레이어2 스위치에 연결된 다른 PC의 인터페이스까지 데이터를 전송할 수 있습니다. 그때, '0' '1'의 디지털 데이터를 전기신호 등의 물리적 신호로 변환해 전송 매체로 전달해 갑니다.

네트워크 인터페이스층의 구체적인 프로토콜로서 유선(이더넷)이나 무선 LAN(Wi-Fi), PPP 등을 들 수 있습니다. 네트워크 인터페이스층의 프로토콜이 통신 상대와 같아야 할 필요는 없습니다.

인터넷층 ///

한 네트워크에 모든 기기가 연결되는 것은 아닙니다. 많은 네트워크가 존재하고, 거기에 다양한 기기가 연결됩니다. **인터넷층**은 그 네트워크 사이에서 데이터를 전송하는 역할을 합니다.

네트워크끼리 연결하고 데이터를 전송하는 기기가 라우터입니다. 라우터에 의한 네트워크 간 전송을 가리켜 라우팅이라고 합니다. 또한, 원격지 네트워크에서 최종적인 출발지와 목적지 사이의 데이터 전송을 가리켜 **엔드투엔드 통신**이라고 부릅니다(그림 3-4).

인터넷층에 포함되는 구체적인 프로토콜은 IP, ICMP, ARP 등입니다. 엔드투엔드 통신에 이용하는 프로토콜은 IP이고, ICMP와 ARP는 IP를 도와주는 프로토콜입니다.

그림 3-3 네트워크 인터페이스층의 개요

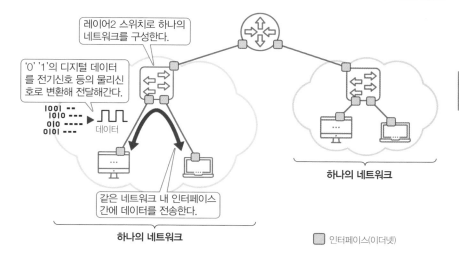

레이어2 스위치로 하나의 네트워크를 구성한다.

'0' '1'의 디지털 데이터를 전기신호 등의 물리신호로 변환해 전달해간다.

데이터

같은 네트워크 내 인터페이스 간에 데이터를 전송한다.

하나의 네트워크

하나의 네트워크

☐ 인터페이스(이더넷)

그림 3-4 엔드투엔드 통신

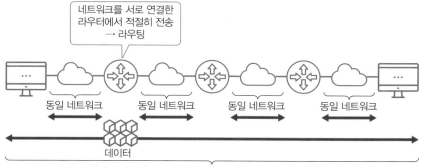

네트워크를 서로 연결한 라우터에서 적절히 전송 → 라우팅

동일 네트워크　동일 네트워크　동일 네트워크　동일 네트워크

데이터

원격지 네트워크에 연결된 PC 간의 통신 = 엔드투엔드 통신

Point

✔ 네트워크 인터페이스층의 역할은 같은 네트워크 내 인터페이스 간 데이터를 전송하는 것이다.

✔ 인터페이스층의 역할은 원격지 네트워크 간 데이터를 전송하는 것이다.

애플리케이션의 동작을 준비하는 계층

트랜스포트층

우리는 당연한 것처럼 PC로 네트워크를 통해 복수의 애플리케이션을 사용하지만, 그 배후에서는 **트랜스포트층**이 활약합니다. 트랜스포트층의 역할은 데이터를 적절한 애플리케이션에 배분하는 일입니다(그림 3-5). 최하층부터 트랜스포트층까지 바르게 동작하면, 출발지와 목적지 애플리케이션 간에 데이터를 송수신할 수 있게 됩니다.

TCP/IP 트랜스포트층에 포함되는 프로토콜은 TCP와 UDP입니다. TCP를 이용하면, 만약 어떤 이유로 데이터가 유실되더라도 그 사실을 검출해 데이터를 다시 보내줍니다. TCP에는 엔드투엔드의 신뢰성을 확보해 주는 기능이 있습니다. 그밖에도 데이터의 분할과 조립 등도 합니다.

애플리케이션층

애플리케이션층의 역할은 애플리케이션의 기능을 실행하기 위한 데이터의 형식과 처리 절차 등을 결정하는 것입니다. 단순한 '0'과 '1'이 아니라, 문자와 이미지 등 인간이 인식할 수 있도록 데이터를 표현합니다(그림 3-6). 기본적으로 인간은 애플리케이션을 다루기 때문입니다.

애플리케이션층에 포함된 프로토콜은 HTTP, SMTP, POP3, DHCP, DNS 등등 많이 있습니다. HTTP는 친숙한 'Google Chrome' 'Microsoft Edge/Internet Explorer' 등의 웹브라우저에서 이용합니다. SMTP와 POP3는 'Outlook.com' 'Thunderbird'와 같은 전자메일 소프트웨어에서 이용합니다. 단, 애플리케이션층에 포함된 프로토콜이라고 해서 반드시 애플리케이션에서 이용하는 것은 아닙니다. DHCP와 DNS는 애플리케이션의 통신을 준비하기 위한 프로토콜입니다.

그림 3-5 트랜스포트층의 개요

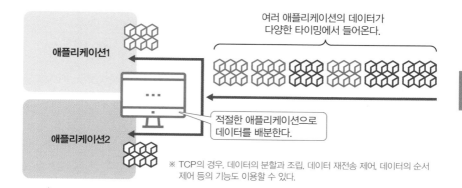

여러 애플리케이션의 데이터가
다양한 타이밍에서 들어온다.

애플리케이션1

애플리케이션2

적절한 애플리케이션으로
데이터를 배분한다.

※ TCP의 경우, 데이터의 분할과 조립, 데이터 재전송 제어, 데이터의 순서
제어 등의 기능도 이용할 수 있다.

그림 3-6 애플리케이션층의 개요

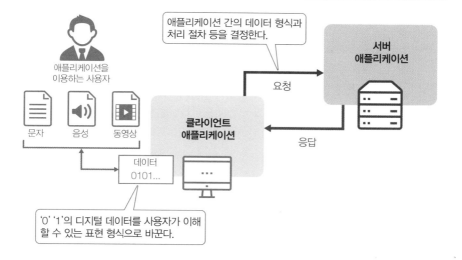

애플리케이션을
이용하는 사용자

문자   음성   동영상

데이터
0101...

애플리케이션 간의 데이터 형식과
처리 절차 등을 결정한다.

클라이언트
애플리케이션

요청

서버
애플리케이션

응답

'0' '1'의 디지털 데이터를 사용자가 이해
할 수 있는 표현 형식으로 바꾼다.

Point

✔ 트랜스포트층의 역할은 적절한 애플리케이션으로 데이터를 배분한다.

✔ 애플리케이션층의 역할은 애플리케이션에서 다루는 데이터 형식과 처리 순서 등을 결정
한다.

3-4 캡슐화

데이터 송수신 규칙

프로토콜의 제어정보 '헤더'를 만든다 //

통신 주체인 애플리케이션이 데이터를 주고받게 하려면, 복수의 프로토콜을 조합할 필요가 있습니다. TCP/IP에서는 네 개의 프로토콜을 조합합니다.

각 프로토콜에는 각각의 기능을 실현하기 위한 제어 정보(**헤더**)가 필요합니다. 예를 들어, 데이터를 전송하는 프로토콜이라면, 헤더에는 출발지와 도착지 주소가 지정됩니다. 각 프로토콜은 데이터를 전송할 때 헤더를 추가합니다. 헤더를 추가하는 처리를 **캡슐화**라고 부릅니다. 헤더로 데이터를 포장하는 듯한 이미지입니다.

프로토콜이 데이터를 받으면, 각 프로토콜 헤더를 바탕으로 적절하게 처리하여 헤더를 벗겨내고 다시 다른 프로토콜로 처리를 넘깁니다. 이런 동작을 **역캡슐화** 또는 **비캡슐화**라고 부릅니다(그림 3-7).

물리적인 신호로 변환된다 //

클라이언트 PC의 웹브라우저에서 웹서버 애플리케이션으로의 데이터 송신과 전송, 그리고 수신하는 모습을 생각해 보겠습니다. 웹브라우저의 데이터는 우선 HTTP 헤더로 캡슐화되어 TCP로 넘어갑니다. TCP 헤더가 추가되고 다시 IP 헤더가 추가됩니다. 마지막으로 이더넷 헤더와 **FCS**(Frame Check Sequence)가 추가되면 네트워크로 내보낼 데이터 전체가 완성됩니다. FCS는 에러 체크를 위한 정보입니다. 이처럼 TCP/IP의 상위 계층 프로토콜에서부터 하위 계층 프로토콜의 헤더가 점차 캡슐화되면서, 네트워크로 내보내는 데이터에는 여러 프로토콜의 헤더가 추가됩니다.

마지막에는 이용하는 이더넷 규격에 대응하는 물리적인 신호로 변환해 전송 매체로 내보냅니다(그림 3-8).

Chapter 3_ 네트워크의 공통 언어 TCP/IP

그림 3-7 캡슐화와 역캡슐화

[캡슐화]

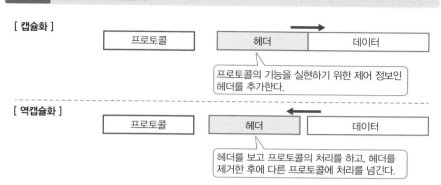

[역캡슐화]

그림 3-8 웹브라우저에서 데이터 보내기

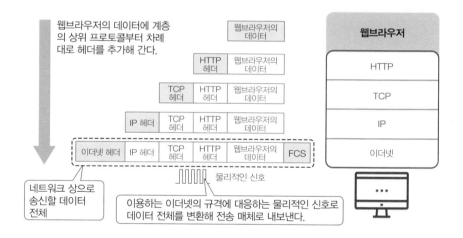

Point

✔ 각 프로토콜의 처리를 하기 위한 제어 정보를 헤더라고 한다.

✔ 데이터에 헤더를 추가하는 것을 캡슐화라고 한다.

✔ 추가된 데이터를 보고 프로토콜의 처리를 하고, 헤더를 제거해 다른 프로토콜에 처리를 넘기는 것을 역캡슐화라고 한다.

✔ 데이터 송신측은 TCP/IP 계층을 위에서부터 아래로 따라가며 각 프로토콜 헤더를 추가한다.

데이터 수신, 전송할 때의 규칙

0과 1의 데이터로 되돌려서 전송한다 //

전송 매체로 내보낸 물리적인 신호는 목적지 웹서버까지 다양한 네트워크 기기를 거쳐 전송됩니다. 네트워크 기기는 수신한 물리적인 신호를 일단 0과 1의 데이터로 되돌립니다. 그리고 각각의 네트워크 기기의 동작에 대응하는 헤더를 참조하여 데이터를 전송해 갑니다(그림 3-9). 각 네트워크 기기의 데이터 전송 구조는 5장, 6장에서 다시 자세히 설명합니다.

헤더로 목적지를 확인하고 수신한다 //

웹서버 애플리케이션이 동작하는 웹서버까지 물리적인 신호가 도착하면, '0'과 '1'의 데이터로 변환합니다. 그리고 이더넷 헤더를 참조해 자기 앞으로 온 데이터인지 확인합니다. 또한, FCS로 데이터에 오류가 없는지 확인합니다. 자기 앞으로 온 데이터라는 것을 알았다면, 이더넷 헤더와 FCS를 제거하고 IP 헤더 처리를 넘깁니다. IP에서는 IP 헤더를 참조해 자기 앞으로 온 데이터인지 확인합니다. 자기 앞으로 온 데이터라면 IP 헤더를 제거하고 TCP로 데이터 처리를 넘깁니다. 다음으로 TCP는 TCP 헤더를 참조해 어느 애플리케이션의 데이터인지 확인합니다. TCP는 TCP 헤더를 제거하고 웹서버 애플리케이션으로 데이터 처리를 넘깁니다. 이렇게 해서 웹서버 애플리케이션까지 데이터가 도달하면, HTTP 헤더와 그 뒤의 데이터 부분을 처리합니다 (3-10).

송신하는 쪽과 수신하는 쪽이 반드시 정해져 있는 것은 아닙니다. 이 다음은 웹서버 애플리케이션이 데이터를 송신하는 쪽이 되고, 웹브라우저가 데이터를 수신하는 쪽이 됩니다. 통신은 원칙적으로 양방향으로 이루어진다는 점을 다시 한 번 떠올려보세요.

그림 3-9 데이터 전송

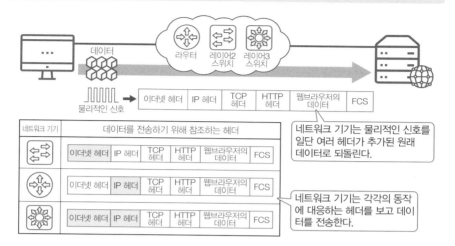

그림 3-10 웹서버 애플리케이션의 데이터 수신

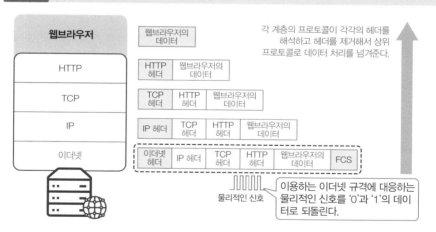

Point

✔ 네트워크 기기는 물리적인 신호를 '0' '1'로 변환해서, 각각의 동작을 위한 헤더를 참조해서 데이터를 전송한다.

✔ 데이터를 수신하는 쪽은 TCP/IP 계층을 아래에서 위로 따라가며 헤더를 참조해 프로토콜을 처리한다.

데이터를 부르는 방법은 다양하다

계층별로 데이터를 부르는 방법 ////////////////////////////////////

애플리케이션의 데이터에는 다양한 프로토콜의 헤더가 추가되어 네트워크 상으로 내보내집니다. 네트워크 아키텍처의 계층에 주목해 다음과 같이 데이터를 부르는 방법이 구분됩니다.

- ◆ 애플리케이션층 : 메시지
- ◆ 트랜스포트층 : 세그먼트 또는 데이터그램(트랜스포트층에서는 TCP를 이용할 때 세그먼트, UDP를 이용할 때 데이터그램이라고 부른다)
- ◆ 인터넷층 : 패킷 또는 데이터그램(인터넷층에서는 IP 패킷 또는 IP 데이터그램이라고 부른다)
- ◆ 네트워크 인터페이스층 : 프레임

데이터를 부르는 방법의 예 //

웹브라우저 통신의 경우, 웹브라우저의 데이터에 HTTP 헤더를 추가해 **HTTP 메시지**가 됩니다. 그리고 HTTP 메시지에 TCP 헤더를 추가하면 **TCP 세그먼트**입니다. TCP 세그먼트에 IP 헤더를 추가하면 **IP 패킷**입니다. IP 데이터그램이라고 부르기도 합니다. IP 패킷에 이더넷 헤더와 FCS를 추가하면, **이더넷 프레임**이라고 부릅니다 (그림 3-11).

부르는 방법에 차이가 있으므로, 네트워크 통신을 생각할 때 어느 계층을 주목하는지 명확해집니다. 예를 들어, 라우터는 인터넷층 레벨의 네트워크 기기이고, IP 패킷을 적절히 전송하는 기능을 하는 네트워크 기기입니다. 라우터의 기능을 생각하려면, 인터넷층에 주목하는 것이 포인트입니다. 레이어2 스위치는 네트워크 인터페이스층에서 동작하는 네트워크 기기입니다. 레이어2 스위치는 이더넷 프레임을 전송하는 역할을 합니다. 즉, 레이어2 스위치를 이해하려면 네트워크 인터페이스층에 주목하는 것이 포인트입니다.

그림 3-11 계층별로 달라지는 데이터의 호칭

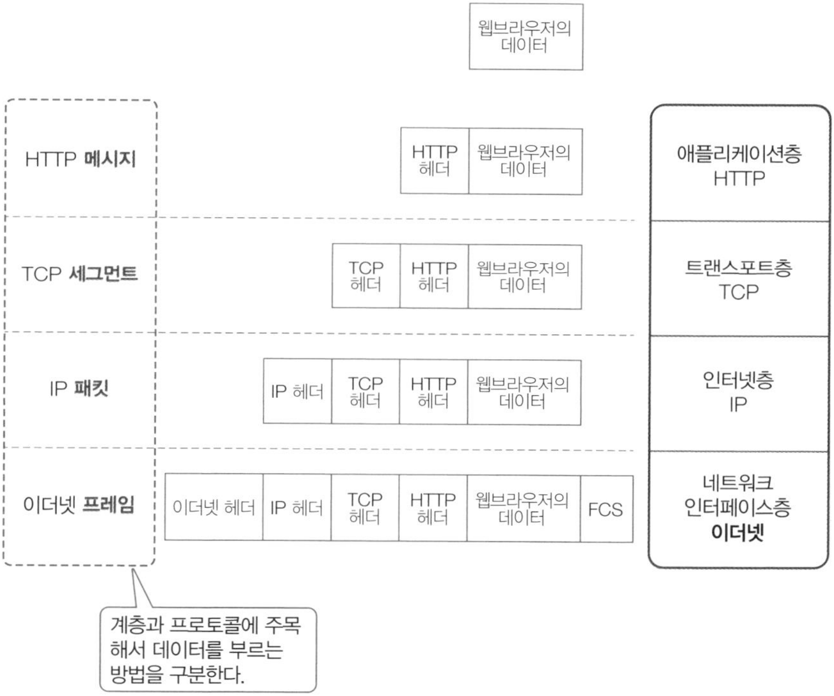

계층과 프로토콜에 주목
해서 데이터를 부르는
방법을 구분한다.

※ 데이터를 부르는 방법이 엄밀하게 구분된 것은 아니다. '계층에 주목해서 데이터를
부르는 방법을 구분하는 경우도 있다'라는 기준 정도로 생각할 것.

Point

✔ TCP/IP의 계층과 데이터를 가리키는 명칭의 대응
  • 애플리케이션층 : 메시지
  • 트랜스포트층 : 세그먼트 또는 데이터그램
  • 인터넷층 : 패킷 또는 데이터그램
  • 네트워크 인터페이스층 : 프레임
✔ 계층과 데이터를 부르는 방법이 엄밀하게 나누어진 것은 아니다.

데이터를 목적지까지 전송한다

IP란?

IP(Internet Protocol)는 TCP/IP라는 이름에 포함된 것처럼 TCP/IP의 다양한 프로토콜 중에서도 매우 중요한 프로토콜입니다. 우선은 IP의 역할을 명확하게 알아둡시다.

IP의 역할은 '엔드투엔드 통신'을 하는 것입니다.

다시 말해, 네트워크 상의 어떤 PC에서 다른 PC 등으로 데이터를 전송하는 것이 IP의 역할입니다. 출발지와 목적지는 같은 네트워크에 있든 다른 네트워크에 있든 어느 쪽이라도 상관없습니다.

보내고 싶은 데이터를 IP 패킷으로 만든다

IP로 데이터를 전송하기 위해서는 데이터에 IP 헤더를 추가해 IP 패킷으로 만들어야 합니다. IP 헤더에는 여러 정보가 포함되어 있지만, 가장 중요한 것은 IP 주소입니다. IP 주소를 이용해 데이터의 출발지와 목적지를 나타내기 때문입니다(그림 3-12).

IP로 전송하는 데이터란, 애플리케이션 데이터에 애플리케이션층 프로토콜의 헤더와 트랜스포트층 프로토콜의 헤더가 추가된 것입니다. 그리고 IP 패킷에는 다시 네트워크 인터페이스층 프로토콜의 헤더가 추가되어 네트워크로 내보내집니다.

목적지가 다른 네트워크에 접속된 경우는 중간에 라우터가 존재합니다. 출발지 호스트에서 내보낸 IP 패킷은 경로에 있는 라우터가 전송해서 최종적으로 목적지 호스트까지 도달합니다. 라우터가 IP 패킷을 전송하는 것을 가리켜 라우팅이라고 합니다(그림 3-13).

그림 3-12   IP 헤더(IPv4)의 포맷

버전(4)	헤더길이(4)	서비스타입(8)	패킷 길이(16)	
식별번호(16)			플래그(3)	프래그먼트 오프셋(13)
TTL(8)		프로토콜번호(8)	헤더 체크섬(16)	
출발지 IP 주소(32)				
목적지 IP 주소(32)				
옵션				패딩

20 바이트

옵션 및 패딩은 보통 이용하지 않는다.

※ ( ) 안은 비트 수
※ 현재 가장 널리 이용되는 IP의 버전이 IPv4

Chapter 3

그림 3-13   IP에 의한 엔드투엔드 통신

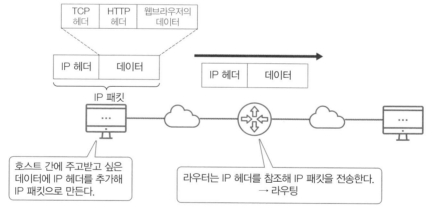

호스트 간에 주고받고 싶은 데이터에 IP 헤더를 추가해 IP 패킷으로 만든다.

라우터는 IP 헤더를 참조해 IP 패킷을 전송한다.
→ 라우팅

※ IP 패킷에 추가하는 네트워크 인터페이스층의 프로토콜 헤더는 생략

Point

✔ IP를 이용해 특정 PC에서 다른 PC까지 데이터를 보내는 엔드투엔드 통신을 한다.

✔ 보내고 싶은 데이터에 IP 헤더를 추가해 IP 패킷으로 만든다.

✔ 목적지가 다른 네트워크에 있을 때는 경로 상에 있는 라우터가 IP 패킷을 라우팅한다.

통신 상대는 누구?

IP 주소의 개요

IP 주소란 TCP/IP에서 통신 상대가 되는 호스트를 식별하기 위한 식별 정보입니다. TCP/IP 통신을 할 때 데이터에 IP 헤더를 추가해 IP 패킷으로 만듭니다. IP 헤더에는 목적지 IP 주소와 출발지 IP 주소가 지정돼야만 합니다. TCP/IP 통신에서 IP 주소를 반드시 지정해야 한다는 것은 네트워크 기술을 이해하는 데 있어서도 매우 중요한 점입니다.

인터페이스에 IP 주소를 설정한다

IP 주소는 이더넷 등의 인터페이스와 연관 지어 설정합니다. IP 프로토콜은 호스트의 운영체제에서 동작합니다. 그리고, 호스트 내부에서 인터페이스와 IP의 프로토콜 부분을 연관 지어 IP 주소를 설정하게 됩니다(그림 3-14). PC 등에는 복수의 인터페이스를 탑재할 수도 있습니다. 예를 들어, 노트북 PC에는 유선 이더넷 인터페이스와 무선 LAN 인터페이스가 같이 탑재된 경우가 많고, 인터페이스마다 IP 주소를 설정할 수 있습니다. 그러므로, IP 주소는 호스트 자체가 아니라 정확하게는 호스트의 인터페이스를 식별합니다.

IP 주소 표기하기

IP 주소는 32비트이므로, '0'과 '1'이 32개 나열됩니다. 그런 긴 숫자열을 사람이 이해하긴 어려우므로, 8비트씩 10진수로 변환하고 '.'로 구분해서 표기합니다. 8비트 10진수는 0~255이므로, 0~255 사이의 숫자를 '.'로 구분해 4개 나열하는 형태가 일반적인 IP 주소입니다. 256 이상의 수치가 포함된 IP 주소는 잘못된 IP 주소입니다. 덧붙여, 이러한 표기는 **도트형 10진 표기**라고 부릅니다(그림 3-15).

그림 3-14 IP 주소로 통신 상대방을 특정한다

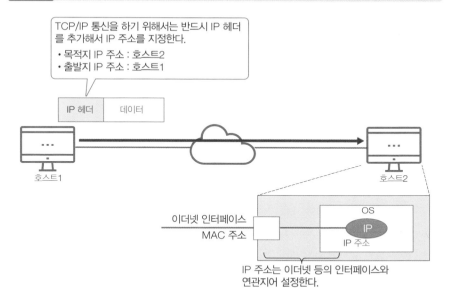

TCP/IP 통신을 하기 위해서는 반드시 IP 헤더를 추가해서 IP 주소를 지정한다.
- 목적지 IP 주소 : 호스트2
- 출발지 IP 주소 : 호스트1

IP 헤더 / 데이터

호스트1

호스트2

이더넷 인터페이스
MAC 주소

OS
IP
IP 주소

IP 주소는 이더넷 등의 인터페이스와 연관지어 설정한다.

그림 3-15 IP 주소의 표기

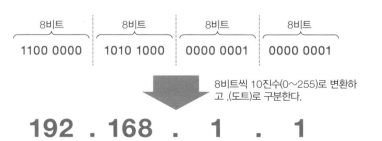

8비트 — 1100 0000
8비트 — 1010 1000
8비트 — 0000 0001
8비트 — 0000 0001

8비트씩 10진수(0~255)로 변환하고 .(도트)로 구분한다.

192 . 168 . 1 . 1

Point

✔ IP 주소로 TCP/IP를 사용해 통신할 상대방을 지정한다.

✔ TCP/IP 통신에서는 반드시 IP 주소를 지정해야 한다.

✔ IP 주소 표기는 8비트씩 4개로 0~255 사이의 10진수로 변환하고 '.'으로 구분한다.

목적지는 하나? 아니면 여러 개?

데이터를 전송하는 주소의 차이

IP로 데이터를 전송할 때, 목적지가 하나든 여러 개든 상관없습니다. 목적지가 단 하나인지, 그렇지 않으면 여러 개인지에 따라 데이터 전송 방식을 3가지로 분류할 수 있습니다.

유니캐스트

단 한 곳으로 데이터를 전송하는 것을 **유니캐스트**라고 부릅니다. 그리고 유니캐스트에 이용하는 IP 주소가 유니캐스트 IP 주소입니다. PC 등에는 유니캐스트 IP 주소를 설정합니다. 유니캐스트 데이터 전송에는 목적지 호스트의 유니캐스트 IP 주소를 IP 헤더의 목적지 IP 주소로 지정합니다(그림 3-16).

만약, 완전히 같은 데이터를 복수의 주소로 전송하고 싶을 때는 출발지에서 목적지 수만큼 유니캐스트 데이터 전송을 반복하면 되지만, 효율이 좋지 않습니다. 완전히 같은 데이터를 복수의 주소로 효율적으로 전송하기 위해서 브로드캐스트와 멀티캐스트를 사용합니다.

브로드캐스트

같은 네트워크 상의 모든 호스트에 완전히 똑같은 데이터를 전송하는 것을 **브로드캐스트**라고 합니다. IP 헤더의 목적지 IP 주소에 브로드캐스트 IP 주소를 지정하면, 같은 네트워크 상의 모든 호스트에 데이터를 전송할 수 있습니다(그림 3-17).

멀티캐스트

같은 애플리케이션이 동작하는 등 특정 그룹에 포함되는 호스트에 완전히 똑같은 데이터를 전송하는 것을 **멀티캐스트**라고 합니다. IP 헤더의 목적지 IP 주소에 멀티캐스트 IP 주소를 지정합니다(그림 3-18).

그림 3-16 유니캐스트

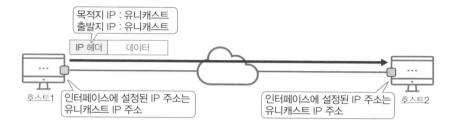

목적지 IP : 유니캐스트
출발지 IP : 유니캐스트

IP 헤더   데이터

호스트1   인터페이스에 설정된 IP 주소는
유니캐스트 IP 주소

인터페이스에 설정된 IP 주소는   호스트2
유니캐스트 IP 주소

그림 3-17 브로드캐스트

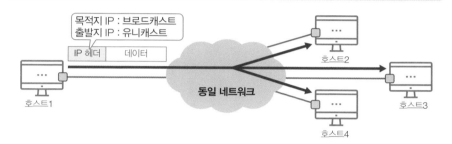

목적지 IP : 브로드캐스트
출발지 IP : 유니캐스트

IP 헤더   데이터

호스트1

동일 네트워크

호스트2

호스트3

호스트4

그림 3-18 멀티캐스트

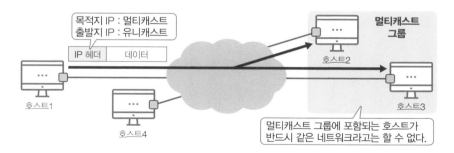

목적지 IP : 멀티캐스트
출발지 IP : 유니캐스트

IP 헤더   데이터

호스트1

호스트4

멀티캐스트
그룹

호스트2

호스트3

멀티캐스트 그룹에 포함되는 호스트가
반드시 같은 네트워크라고는 할 수 없다.

Point

✔ 유니캐스트는 단 하나의 목적지에 데이터를 전송하는 것

✔ 브로드캐스트는 같은 네트워크 상의 모든 호스트에 데이터를 전송하는 것

✔ 멀티캐스트는 특정 그룹에 포함되는 호스트에 데이터를 전송하는 것

IP 주소의 구성은 크게 나눠 두 가지

유니캐스트 IP 주소의 구성

PC와 서버 등 TCP/IP 통신을 하는 호스트에 설정하는 IP 주소는 유니캐스트 IP 주소입니다. TCP/IP 통신의 대부분은 유니캐스트입니다. 그러므로, 유니캐스트 IP 주소를 확실하게 이해하는 것이 중요합니다.

IP 주소는 **네트워크부**와 **호스트부**라는 두 개의 부분으로 구성됩니다('네트워크부'는 '네트워크 주소', '호스트부'는 '호스트 주소'라고 표현하는 경우도 자주 있습니다). 사내 네트워크와 인터넷 등은 복수의 네트워크가 라우터 또는 레이어3 스위치로 서로 연결되어 있습니다. IP 주소의 전반의 네트워크부를 이용해 각 네트워크를 식별합니다. 그리고, 후반의 호스트부로 네트워크 내 호스트(의 인터페이스)를 식별합니다(그림 3-19).

브로드캐스트 IP 주소

같은 네트워크에 있는 모든 호스트에 일괄적으로 데이터를 전송할 때 이용하는 브로드캐스트 IP 주소는 32비트가 모두 '1'인 IP 주소입니다. 도트형 10진 표기로는 '255.255.255.255'가 브로드캐스트 IP 주소입니다(유니캐스트 IP 주소 후반 호스트부의 모든 비트가 '1'로 된 IP 주소도 브로드캐스트 IP 주소입니다).

멀티캐스트 IP 주소

멀티캐스트 IP 주소로서 '224.0.0.0 ~ 239.255.255.255'로 범위가 정해져 있습니다. 이 범위 중, 미리 정해져 있는 멀티캐스트 IP 주소가 있습니다. 예를 들어, '224.0.0.2'라는 멀티캐스트 IP 주소는 '같은 네트워크 상의 모든 라우터'라는 그룹입니다. 또한, 사용자가 자유롭게 그룹을 결정하기 위해서 239로 시작되는 범위를 이용할 수 있습니다(표 3-1).

그림 3-19 유니캐스트 IP 주소의 구성

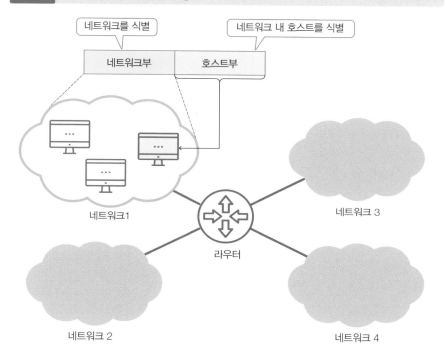

네트워크를 식별

네트워크 내 호스트를 식별

네트워크부 │ 호스트부

네트워크1

라우터

네트워크 3

네트워크 2

네트워크 4

표 3-1 브로드캐스트 IP 주소와 멀티캐스트 IP 주소

종류	범위
브로드캐스트 IP 주소	255.255.255.255
멀티캐스트 IP 주소	224.0.0.0 ~ 239.255.255.255

Point

✔ 유니캐스트 IP 주소는 전반의 네트워크부와 후반의 호스트부로 구성된다.

✔ 255.255.255.255는 브로드캐스트 IP 주소다.

✔ 224.0.0.0 ~ 239.255.255.255는 멀티캐스트 IP 주소다.

IP 주소의 범위 구분

서브넷 마스크란?

전항에서 살펴본 것처럼 IP 주소는 전반의 네트워크부와 후반의 호스트부로 구성됩니다. 네트워크부와 호스트부의 구분은 고정된 게 아니라 가변적입니다. 32비트 IP 주소의 어디까지가 네트워크부인지 명시한 것이 **서브넷 마스크**입니다. 서브넷 마스크는 IP 주소처럼 32비트이므로 '0'과 '1'이 32개 나열됩니다. '1'은 네트워크부를 나타내며, '0'은 호스트부를 나타냅니다. 서브넷 마스크는 반드시 연속한 '1'과 연속한 '0'입니다. '1'과 '0'이 교대로 나타나는 서브넷 마스크는 없습니다.

비트의 나열만으로는 파악하기 어려우므로 IP 주소처럼 서브넷 마스크도 8비트씩 10진수로 변환하고 '.'으로 구분해 표시합니다. 서브넷 마스크가 가질 수 있는 10진수 수치는 표에 정리한 것 중 하나입니다(표 3-2).

또한, / 뒤에 연속한 '1'의 개수로 표기하는 경우도 있습니다. 이 방식은 **프리픽스 표기**라고 부릅니다.

원칙적으로 192.168.1.1 255.255.255.0 또는 192.168.1.1/24처럼 IP 주소에는 서브넷 마스크를 병기해서 네트워크부와 호스트부를 명확하게 구분합니다(그림 3-20).

네트워크 주소와 브로드캐스트 주소

IP 주소 후반 호스트부를 모두 비트 '0'으로 채우면, 네트워크 자체를 식별하기 위해 이용하는 **네트워크 주소**가 됩니다. 네트워크 구성도 등에서 네트워크를 식별할 때 네트워크 주소를 이용합니다.

호스트부를 모두 비트 '1'로 채우면, **브로드캐스트 주소**가 됩니다. 255.255.255.255 이외에, 이 형식의 브로드캐스트 주소를 이용할 수도 있습니다(그림 3-21).

표 3-2 서브넷 마스크에서 가질 수 있는 값

10진수	2진수
255	1111 1111
254	1111 1110
252	1111 1100
248	1111 1000

10진수	2진수
224	1110 0000
192	1100 0000
128	1000 0000
0	0000 0000

Chapter
3

그림 3-20 서브넷 마스크의 예

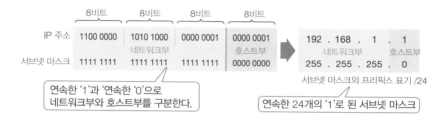

그림 3-21 네트워크 주소와 브로드캐스트 주소

Point

✔ 서브넷 마스크로 IP 주소의 네트워크부와 호스트부를 구분한다.

✔ 서브넷 마스크는 32비트로 비트 '1'이 네트워크부, 비트 '0'이 호스트부를 나타낸다.

✔ 서브넷 마스크 표기는 IP 주소처럼 8비트씩 10진수로 변환하고 '.'으로 구분한다.

✔ 서브넷 마스크 표기에는 '/' 뒤에 연속한 비트 '1'의 개수로 표기하는 프리픽스 표기도 있다.

네트워크에 접속하는 두 단계

물리적인 접속과 논리적인 접속 \\

네트워크에 접속한다는 것에 대해 자세히 생각해 둡시다. 네트워크에 접속할 때는 '1. 물리적인 접속'과 '2. 논리적인 접속'이라는 두 개의 단계가 있습니다.

TCP/IP의 계층으로 말하면, **물리적인 접속**은 네트워크 인터페이스층이고, **논리적인 접속**은 인터넷층입니다.

물리적인 접속이란 물리적인 신호를 주고받을 수 있게 하는 것입니다. 구체적으로는 이더넷의 인터페이스에 LAN 케이블을 삽입하거나 무선 LAN 액세스 포인트에 접속하거나 휴대전화 기지국의 전파를 포착하는 등의 일입니다.

그리고 물리적으로 접속이 이루어진 후에, 논리적인 접속으로서 IP 주소 설정도 필요해집니다. 현재는 TCP/IP를 네트워크의 공통 언어로 사용하고 있고, TCP/IP에서는 IP 주소를 지정하여 통신합니다. 그러므로, 만일 IP 주소가 없으면 통신할 수 없습니다. 예를 들어, 호스트에 IP 주소 192.168.1.1/24를 설정함으로써, 그 호스트는 192.168.1.0/24인 네트워크에 접속해서 TCP/IP를 사용한 통신을 할 수 있게 됩니다(그림 3-22).

이런 IP 주소 설정은 IT 기술에 익숙하지 않은 사용자에게는 어려울 수 있습니다. 그래서, DHCP 등의 기술로 자동으로 설정하게 하고, 사용자에게 IP 주소 설정을 의식하지 않게 하는 경우가 많습니다. 다시 말해, LAN 케이블을 꽂아 물리적인 접속이 완료되면, 자동으로 논리적인 접속도 완료할 수 있게 합니다. 보통은 의식하지 않고 있더라도, IP 주소 설정까지 해야 비로소 '네트워크 접속'을 하게 된다는 사실은 꼭 알아두세요.

그림 3-22 네트워크에 접속한다는 것

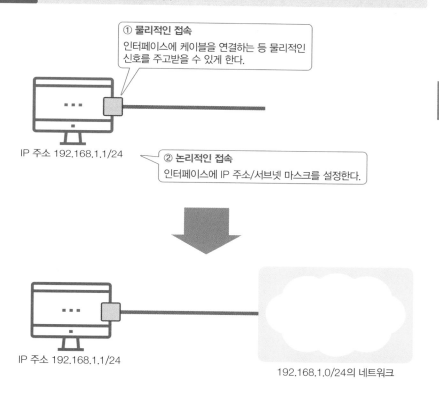

① 물리적인 접속
인터페이스에 케이블을 연결하는 등 물리적인 신호를 주고받을 수 있게 한다.

IP 주소 192.168.1.1/24

② 논리적인 접속
인터페이스에 IP 주소/서브넷 마스크를 설정한다.

IP 주소 192.168.1.1/24

192.168.1.0/24의 네트워크

Point

✔ 네트워크에 접속하기 위해서는 두 단계가 필요하다.
- 물리적인 접속
- 논리적인 접속
✔ 물리적인 접속이란 LAN 케이블을 삽입하는 등 물리적인 신호를 주고받을 수 있게 하는 것이다.
✔ 논리적인 접속이란 인터페이스에 IP 주소를 설정하는 것이다.

인터넷에서 사용하는 주소와 사설 네트워크에서 사용하는 주소

IP 주소의 이용 범위 //////////////////////////////////////

IP 주소는 이용 범위에 따라, **공인 IP 주소**(퍼블릭 IP 주소)와 **사설 IP 주소**의 2가지로 분류됩니다.

공인 주소는 인터넷에서 이용하는 IP 주소입니다. 인터넷에서 통신하기 위해서는 반드시 공인된 주소가 필요합니다. 공인 주소는 인터넷 전체에서 중복되지 않도록 관리됩니다. 공인 주소는 멋대로 이용할 수 있는 게 아닙니다. 인터넷에 접속하기 위해 인터넷 접속 서비스를 계약하면, 공인 주소가 할당되게 됩니다(인터넷 접속 서비스에 따라서는 공인 주소가 할당되지 않는 경우도 있습니다). 공인 주소는 퍼블릭 주소 또는 글로벌 주소라고도 불립니다.

그리고, 사내 네트워크 등의 사설 네트워크에서 이용하는 IP 주소가 사설 주소입니다. 사설 주소의 범위는 다음과 같습니다.

- ◆ 10.0.0.0 ~ 10.255.255.255
- ◆ 172.16.0.0 ~ 172.31.255.255
- ◆ 192.168.0.0 ~ 192.168.255.255

이 범위의 주소는 사설 네트워크 안이라면 자유롭게 이용할 수 있습니다. 다른 네트워크의 사설 주소가 겹치더라도 사설 네트워크 안의 통신에는 전혀 문제없습니다.

사설 네트워크에서 인터넷으로의 통신 //////////////////////////////////////

사설 주소를 이용하는 사설 네트워크에서 인터넷으로 통신할 때는 사설 주소 그대로는 통신할 수 없습니다(그림 3-24). 사설 네트워크에서 인터넷으로 통신하려면, 다음 항에서 설명하는 NAT(Network Address Translation)가 필요합니다.

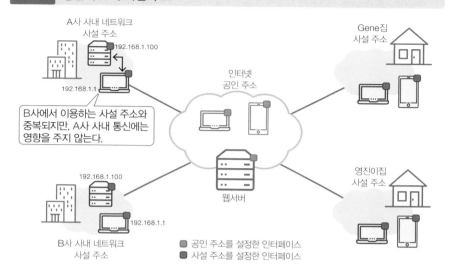

그림 3-23 공인 주소와 사설 주소

A사 사내 네트워크
사설 주소

192.168.1.100

192.168.1.1

B사에서 이용하는 사설 주소와
중복되지만, A사 사내 통신에는
영향을 주지 않는다.

인터넷
공인 주소

Gene집
사설 주소

192.168.1.100

웹서버

192.168.1.1

B사 사내 네트워크
사설 주소

영진이집
사설 주소

■ 공인 주소를 설정한 인터페이스
■ 사설 주소를 설정한 인터페이스

그림 3-24 사설 네트워크에서 인터넷으로의 통신

A사 사내 네트워크
사설 주소

사설 네트워크에서 그대로
인터넷으로 통신할 수는 없다.

인터넷 공인 주소

웹서버

■ 공인 주소를 설정한 인터페이스
■ 사설 주소를 설정한 인터페이스

Point

✔ 공인 주소는 인터넷에서 이용하는 주소다.

✔ 사설 주소는 사설 네트워크에서 이용하는 주소다.

✔ 사설 주소의 범위
  · 10.0.0.0 ～ 10.255.255.255
  · 172.16.0.0 ～ 172.31.255.255
  · 192.168.0.0 ～ 192.168.255.255

사설 네트워크에서 인터넷으로의 통신

사설 주소 그대로는 응답이 돌아오지 않는다

사설 네트워크에서 인터넷으로 그대로 통신할 수는 없습니다. 사설 네트워크의 PC
에서 인터넷의 서버에 요청을 보내면, 목적지는 공인 주소이고 출발지는 사설 네트
워크입니다. 이때 요청은 서버로 문제 없이 보낼 수 있습니다.

서버에서 응답을 돌려 보낼 때는 목적지가 사설 네트워크이고 출발지는 공인 네트워
크입니다. 하지만 응답은 돌아오지 않습니다. 인터넷에서는 목적지가 사설 주소로 된
IP 패킷은 반드시 폐기되어 버리기 때문입니다(그림 3-25).

주소를 변환한다

사설 네트워크에서 인터넷으로 통신하기 위해서는 다음과 같이 **NAT**로 주소를 변환
합니다(그림 3-26).

① 사설 네트워크에서 인터넷으로 요청을 전송할 때, 출발지 IP 주소를 변환합니다.

② 라우터는 나중에 원래대로 되돌리기 위해 변환한 주소의 대응을 NAT 테이블에 보존해
둔다.

③ 요청에 대한 응답이 라우터로 돌아오면, 목적지 IP 주소를 변환합니다. 이때, NAT 테이블
에 보존해 둔 주소의 대응을 이용합니다.

사설 주소와 공인 주소를 1대 1로 대응시키려면, 공인 주소가 많이 필요해집니다. 복
수의 사설 주소를 하나의 글로벌 주소에 대응시키는 주소 변환을 **NAPT**(Network
Address Port Translation)라고 부릅니다.

그림 3-25 목적지가 사설 주소인 응답이 폐기된다

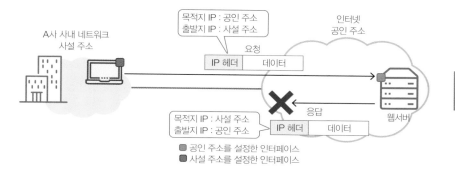

그림 3-26 NAT의 주소 변환 구조

❶ 인터넷으로 요청을 보내는 출발지 IP 주소를 변환

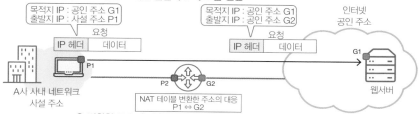

❷ 변환한 주소의 대응을 NAT 테이블에 보존

❸ 인터넷에서 돌아온 응답에서 목적지 IP 주소를 변환

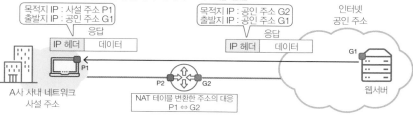

Point

✔ 인터넷에서는 목적지가 사설 주소인 IP 패킷은 폐기된다.

✔ NAT는 사설 주소와 공인 주소를 변환해, 사설 네트워크에서 인터넷으로 통신할 수 있게 한다.

데이터가 목적지에 잘 도착했을까?

IP는 확인하지 않는다

IP로 데이터를 다른 호스트에 전송하지만, IP에는 제대로 도착했는지 확인할 방법이 없습니다. 전송하고 싶은 데이터에 IP 헤더를 붙여 IP 패킷으로 만들어 네트워크 상에 내보내기만 할 뿐입니다. 목적지까지 도달하면 그 응답이 돌아올테지만, 목적지까지 도달하지 않았다면 아무리 기다려도 응답이 돌아오지 않습니다. 게다가 도달하지 못한 이유조차 알 수 없습니다. 이런 IP를 이용하는 데이터 전송의 특징을 **최선형**(best effort)이라고도 합니다. 즉, '데이터를 보내기 위해 최선을 다하겠지만, 안 되도 어쩔 수 없지'라는 것이 IP의 특징입니다.

그래서 별도로 IP에 의한 엔드투엔트 통신이 정상적으로 이루어졌는지 확인하는 기능을 갖춘 프로토콜로서 **ICMP**(Internet Control Message Protocol)가 개발됐습니다.

ICMP의 기능

ICMP의 주요 기능은 다음 두 가지입니다.

- ◆ 에러 리포트
- ◆ 진단 기능

어떤 이유로 IP 패킷을 폐기했다면, 폐기한 기기가 ICMP를 이용해 폐기한 IP 패킷의 출발지로 에러 리포트를 전송합니다. 이 에러 리포트를 **도달불능 메시지**라고 부릅니다. 도달불능 메시지로 엔드투엔드 통신에 실패한 원인을 통지합니다(그림 3-27).

진단 기능은 IP의 엔드투엔드 통신이 가능한지 확인하는 기능입니다. 진단을 위해서 매우 자주 이용하는 명령으로 **ping 커맨드**가 있습니다. ping 커맨드로 ICMP 에코 요청/응답 메시지를 보내서, 지정한 IP 주소와 통신할 수 있는지 확인합니다(그림 3-28).

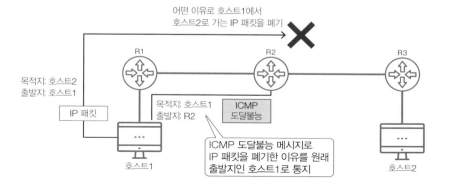

그림 3-27 ICMP 에러 리포트

어떤 이유로 호스트1에서
호스트2로 가는 IP 패킷을 폐기

R1　　　R2　　　R3

목적지: 호스트2
출발지: 호스트1

IP 패킷

목적지: 호스트1
출발지: R2 　ICMP 도달불능

ICMP 도달불능 메시지로
IP 패킷을 폐기한 이유를 원래
출발지인 호스트1로 통지

호스트1　　　호스트2

그림 3-28 ping 커맨드

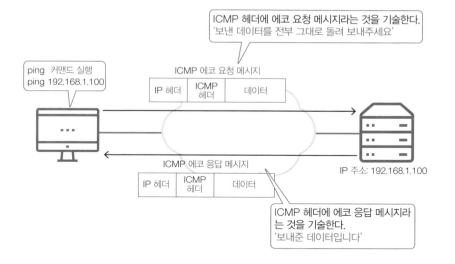

ICMP 헤더에 에코 요청 메시지라는 것을 기술한다.
'보낸 데이터를 전부 그대로 돌려 보내주세요'

ping 커맨드 실행
ping 192.168.1.100

ICMP 에코 요청 메시지
IP 헤더 ｜ ICMP 헤더 ｜ 데이터

IP 주소: 192.168.1.100

ICMP 에코 응답 메시지
IP 헤더 ｜ ICMP 헤더 ｜ 데이터

ICMP 헤더에 에코 응답 메시지라
는 것을 기술한다.
'보내준 데이터입니다'

Point

✔ ICMP로 IP에서 데이터를 정상적으로 전송할 수 있는지 확인한다.

✔ 어떤 이유로 IP 패킷이 폐기되면, ICMP 도달불능 메시지로 출발지에 통보한다.

✔ ping 커맨드로 지정한 IP 주소와 통신할 수 있는지 확인한다.

IP 주소와 MAC 주소를 대응시킨다

ARP란?

TCP/IP에서는 IP 주소를 지정해서 데이터(IP 패킷)를 전송합니다. IP 패킷은 PC나 서버 등의 인터페이스까지 전송되어 갑니다. PC나 서버 등의 인터페이스는 MAC 주소로 식별합니다. TCP/IP의 IP 주소와 인터페이스를 식별하기 위한 MAC 주소를 대응시키는 것이 **ARP**의 역할입니다.

이더넷 인터페이스에서 IP 패킷을 내보낼 때는 이더넷 헤더를 덧붙입니다. 이더넷 헤더에는 목적지 MAC 주소를 지정해야만 합니다. 목적지 IP 주소에 대응하는 MAC 주소를 구하기 위해서 ARP를 이용합니다. 또한, IP 주소와 MAC 주소를 대응시키는 것을 가리켜 **주소 해석**이라고 합니다(그림 3-29). 이더넷에 관해서는 5장에서 다시 설명합니다.

ARP 동작의 흐름

ARP의 주소 해석 범위는 같은 네트워크 내의 IP 주소입니다. 이더넷 인터페이스로 접속된 PC 등의 기기가 IP 패킷을 송신하고자 목적지 IP 주소를 지정할 때, 자동으로 ARP가 수행됩니다. 사용자가 ARP의 동작에 특별히 신경 쓸 필요는 없지만, ARP로 주소 해석을 한다는 것은 네트워크 구조를 이해하는 데 있어 매우 중요합니다. ARP 동작의 흐름은 다음과 같습니다(그림 3-30).

❶ ARP 요청으로 IP 주소에 대응하는 MAC 주소를 질의한다.

❷ 질의받은 IP 주소를 가진 호스트가 ARP 응답으로 MAC 주소를 알려준다.

❸ 주소 해석한 IP 주소와 MAC 주소의 대응을 ARP 캐시에 보존한다.

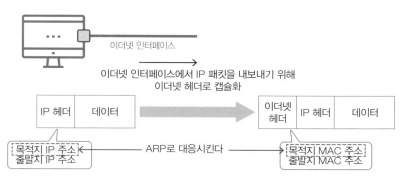

그림 3-29 목적지 IP 주소와 목적지 MAC 주소의 대응

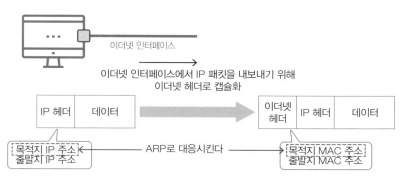

이더넷 인터페이스

이더넷 인터페이스에서 IP 패킷을 내보내기 위해
이더넷 헤더로 캡슐화

| IP 헤더 | 데이터 |

| 이더넷 헤더 | IP 헤더 | 데이터 |

목적지 IP 주소 ← ───── ARP로 대응시킨다 ─────→ 목적지 MAC 주소
출발지 IP 주소   출발지 MAC 주소

그림 3-30 ARP 동작의 흐름

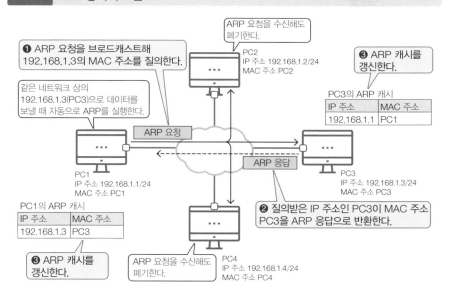

❶ ARP 요청을 브로드캐스트해
192.168.1.3의 MAC 주소를 질의한다.

ARP 요청을 수신해도
폐기한다.

PC2
IP 주소 192.168.1.2/24
MAC 주소 PC2

❸ ARP 캐시를
갱신한다.

PC3의 ARP 캐시

IP 주소	MAC 주소
192.168.1.1	PC1

같은 네트워크 상의
192.168.1.3(PC3)으로 데이터를
보낼 때 자동으로 ARP를 실행한다.

ARP 요청

ARP 응답

PC1
IP 주소 192.168.1.1/24
MAC 주소 PC1

PC3
IP 주소 192.168.1.3/24
MAC 주소 PC3

PC1의 ARP 캐시

IP 주소	MAC 주소
192.168.1.3	PC3

❷ 질의받은 IP 주소인 PC3의 MAC 주소
PC3을 ARP 응답으로 반환한다.

❸ ARP 캐시를
갱신한다.

ARP 요청을 수신해도
폐기한다.

PC4
IP 주소 192.168.1.4/24
MAC 주소 PC4

Point

✔ IP 주소와 MAC 주소를 대응시키는 것을 주소 해석이라고 부른다.

✔ ARP에 의해 자동으로 주소를 해석하고, 목적지 IP 주소에 대응하는 목적지 MAC 주소를
구할 수 있다.

포트 번호로 애플리케이션에 할당한다

포트 번호의 역할

호스트에서 동작하는 애플리케이션에 데이터를 배분하기 위해서는 각각의 애플리케이션을 식별할 수 있어야 합니다. 애플리케이션을 식별하는 데에는 **포트 번호**를 이용합니다. 포트 번호란 TCP/IP의 애플리케이션을 식별하는 식별 번호로, 이 뒤에 설명할 **TCP** 또는 **UDP 헤더**에 지정합니다. 포트 번호는 16비트 수치이므로, 포트 번호로 지정할 수 있는 범위는 0~65535입니다. [표 3-3]의 범위마다 의미가 있습니다.

웰노운 포트 번호로 웹브라우저의 요청을 기다린다

특히 중요한 것이 **웰노운 포트**(well-known port) **번호**입니다. 웰노운 포트 번호는 미리 정해져 있습니다. 서버 애플리케이션을 실행하면, 웰노운 포트 번호로 클라이언트 애플리케이션의 요청을 기다립니다. 주요 애플리케이션 프로토콜의 웰노운 포트 번호는 [표 3-4]와 같습니다.

등록된 포트로 식별한다

등록된 포트(registered port)는 웰노운 포트 이외에 자주 이용되는 서버 애플리케이션을 식별하기 위한 포트 번호입니다. 등록된 포트도 미리 정해져 있습니다.

동적/사설 포트로 식별한다

동적/사설 포트는 클라이언트 애플리케이션을 식별하기 위한 포트 번호입니다. 웰노운 포트나 등록된 포트와는 달리, 미리 정해져 있지 않습니다. 클라이언트 애플리케이션이 통신할 때 동적으로 할당됩니다.

그림 3-31 포트 번호의 개요

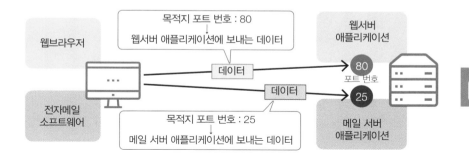

표 3-3 포트 번호 범위

명칭	포트 번호 범위	의미
웰노운 포트	0 ~1023	서버 애플리케이션용으로 예약된 포트 번호
등록된 포트	1024 ~ 49151	자주 이용되는 애플리케이션의 서버 쪽 포트 번호
동적/사설 포트	49152 ~ 65535	클라이언트 애플리케이션용 포트 번호

표 3-4 주요 웰노운 포트 번호

프로토콜	TCP	UDP
HTTP	80	–
HTTPS	443	–
SMTP	25	–
POP3	110	–
IMAP4	143	–
FTP	20/21	–
DHCP	–	67/68

Point

✔ 포트 번호로 애플리케이션을 식별하고, 데이터를 적절한 애플리케이션으로 보내준다.

✔ 포트 번호는 TCP 또는 UDP 헤더에 지정된다.

✔ 0~1023 웰노운 포트 번호는 주로 서버 애플리케이션을 식별하기 위해 예약된 포트 번호이다.

확실하게 애플리케이션의
데이터를 전송한다

TCP란?

TCP란 신뢰성이 있는 애플리케이션 간의 데이터 전송을 하기 위한 프로토콜입니다. TCP를 이용하면, 애플리케이션 프로토콜에는 신뢰성을 확보하기 위한 구조를 넣어 둘 필요가 없습니다.

TCP에 의한 데이터 전송 절차

TCP에 의한 애플리케이션 간 데이터 전송은 다음과 같이 이루어집니다.

① TCP 커넥션 맺기

② 애플리케이션 간 데이터 송수신

③ TCP 커넥션 끊기

우선, 데이터를 송수신하는 애플리케이션 간의 통신이 정상으로 이루어질 수 있는지 확인합니다. 이 확인 프로세스는 **3웨이 핸드쉐이크**(커넥션 맺기)라고 불립니다.

다음으로 애플리케이션이 다루는 데이터를 TCP로 송신하기 위해서는, 애플리케이션 의 데이터에 애플리케이션 프로토콜 헤더와 TCP 헤더를 추가할 필요가 있습니다. 이 를 TCP 세그먼트라고 표현하기도 합니다. 이때 애플리케이션의 데이터 크기가 크면 분할하여 복수의 TCP 세그먼트로서 전송합니다. 어떻게 분할했는지는 TCP 헤더에 기술되고, 목적지에서 차례대로 원본 데이터로 조립합니다. 또한, 데이터가 도착하면 받았다고 확인해 줍니다. 데이터 수신 확인을 **ACK**라고 부릅니다. 만약, 일부 데이터 가 제대로 도착하지 않았다면 데이터를 재전송합니다. 또 네트워크가 혼잡하면, 데이 터 전송 속도를 제한합니다. 이런 데이터 전송 구조를 **플로우 제어**라고 합니다.

마지막으로 애플리케이션의 데이터 전송이 모두 끝나면, TCP 커넥션을 끊습니다(그 림 3-32).

그림 3-32 TCP에 의한 데이터 전송 절차

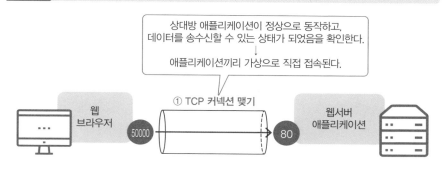

상대방 애플리케이션이 정상으로 동작하고,
데이터를 송수신할 수 있는 상태가 되었음을 확인한다.

애플리케이션끼리 가상으로 직접 접속된다.

① TCP 커넥션 맺기

웹
브라우저
50000

웹서버
애플리케이션
80

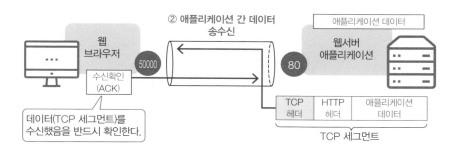

② 애플리케이션 간 데이터
송수신

애플리케이션 데이터

웹
브라우저
50000

웹서버
애플리케이션
80

수신확인
(ACK)

데이터(TCP 세그먼트)를
수신했음을 반드시 확인한다.

| TCP 헤더 | HTTP 헤더 | 애플리케이션 데이터 |

TCP 세그먼트

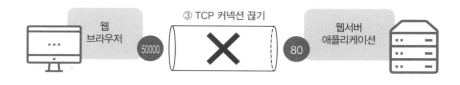

③ TCP 커넥션 끊기

웹
브라우저
50000

웹서버
애플리케이션
80

Point

✔ TCP로 애플리케이션 사이에서 신뢰성 있는 데이터 전송을 할 수 있다.

✔ TCP에 의한 데이터 전송의 흐름은 다음과 같다.
- TCP 커넥션 맺기
- 애플리케이션 간 데이터 송수신
- TCP 커넥션 끊기

TCP로 데이터를 분할한다

TCP 헤더 형식

TCP로 전송하고 싶은 애플리케이션의 데이터에 TCP 헤더를 추가해, TCP 세그먼트라고 합니다. TCP 헤더의 형식은 [표3-5]와 같이 정해져 있습니다.

TCP 헤더에서 중요한 부분만 간단히 설명하겠습니다. 가장 중요한 것은 포트 번호입니다. 포트 번호로 적절한 애플리케이션 프로토콜에 데이터를 배분할 수 있기 때문입니다.

그리고, 신뢰성 있는 데이터 전송을 위해서 **시퀀스 번호**와 **ACK 번호**라는 것이 있습니다. 시퀀스 번호는 '시퀀스(순서)'라는 이름처럼 TCP로 전송하는 데이터 순서를 나타냅니다. 데이터가 분할되어 있을 때에는 시퀀스 번호로 어떻게 데이터를 분할했는지 알 수 있습니다. ACK 번호는 데이터를 바르게 수신했음을 확인하기 위해 이용합니다.

데이터 분할 구조

TCP에는 데이터를 분할하는 기능도 있습니다. TCP에서 애플리케이션의 데이터를 분할하는 단위는 **MSS**(Maximum Segment Size)라고 부릅니다. MSS를 넘는 크기의 데이터는 MSS 단위로 나누어 송신합니다. MSS의 표준 크기는 1460 바이트입니다.

웹에 액세스할 때 웹서버 애플리케이션에서 웹사이트의 데이터를 송신하는 경우에 TCP로 분할하는 모습을 생각해 봅시다. 애플리케이션 프로토콜로 HTTP를 이용하므로 웹사이트의 데이터에는 HTTP 헤더가 추가됩니다. 이것이 TCP가 처리할 데이터입니다. MSS로 나누고 각각에 TCP 헤더를 추가해 복수의 TCP 세그먼트로 만듭니다. 원래 데이터를 어떻게 분할했는지는 TCP 헤더 내 시퀀스 번호를 보면 알 수 있습니다(그림 3-33).

표 3-5　TCP 헤더 형식

출발지 포트 번호(16)			목적지 포트 번호(16)	
시퀀스 번호(32)				
ACK 번호(32)				
데이터 세그먼트(4)	예약(6)	플래그(6)	윈도우 사이즈(16)	
체크섬(16)			에이전트 포인터(16)	

※ ( ) 안은 비트 수

그림 3-33　웹사이트의 데이터 분할 예

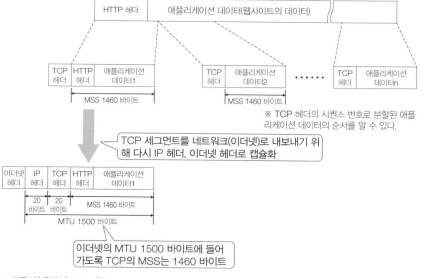

※ TCP 헤더의 시퀀스 번호로 분할된 애플리케이션 데이터의 순서를 알 수 있다.

TCP 세그먼트를 네트워크(이더넷)로 내보내기 위해 다시 IP 헤더, 이더넷 헤더로 캡슐화

이더넷의 MTU 1500 바이트에 들어가도록 TCP의 MSS는 1460 바이트

※ MTU에 관해서는 5-6 참조

Point

✔ 전송하고 싶은 애플리케이션의 데이터에 TCP 헤더를 추가해 TCP 세그먼트로서 전송한다.

✔ 필요하면 TCP로 데이터를 분할한다.

✔ TCP로 데이터를 분할하는 크기를 MSS라고 부른다.

애플리케이션에 데이터를 배분하기만 한다

UDP

UDP는 PC나 서버 등에 도달한 데이터를 적절한 애플리케이션에 배분하는 기능만 있는 프로토콜입니다. TCP와 같은 확인은 전혀 하지 않습니다.

UDP로 애플리케이션의 데이터를 송수신하기 위해서는 UDP 헤더를 추가합니다. UDP 헤더와 애플리케이션의 데이터를 합쳐 UDP 데이터그램이라고 부르는 경우가 있습니다.

UDP 헤더 형식은 TCP 헤더 형식과 비교하면 지극히 단순합니다(표 3-6).

UDP 이용 사례

UDP는 상대방의 애플리케이션이 동작하는지 등을 확인하지 않은 채 무조건 UDP 데이터그램으로 애플리케이션의 데이터를 송신합니다. 이러한 특성 상, TCP만큼 여분의 처리를 하지 않으므로, 데이터 전송 효율이 좋다는 장점이 있습니다. 그 반면에 신뢰성이 높지 않다는 단점이 있습니다. UDP의 경우는 보내고 싶은 UDP 데이터그램이 상대방 애플리케이션까지 제대로 도달했는지 알 수가 없습니다. 만약, 데이터가 도달했는지 확인할 필요가 있다면, 애플리케이션에서 그런 기능을 만들어 넣어야 합니다.

또한, UDP에는 크기가 큰 데이터를 분할하는 기능도 없습니다. 그러므로 전송해야할 애플리케이션의 데이터 크기가 클 때에는 애플리케이션 쪽에서 적절한 크기로 쪼개야만 합니다.

UDP를 이용하는 전형적인 애플리케이션은 IP 전화입니다. IP 전화의 음성 데이터는 IP 전화에서 작게 쪼갭니다. IP 전화의 설정에 따라 달라지지만, 음성 데이터가 1초 동안 50개로 분할되게 설정하는 것이 일반적입니다. 요컨대, 음성 데이터 1개당 20밀리 초 분량입니다. IP 전화에서 작게 쪼갠 음성 데이터에 UDP 헤더를 추가해서 전송합니다(그림 3-34).

표 3-6 UDP 헤더 형식

출발지 포트 번호(16)	도착지 포트 번호(16)
데이터그램 길이(16)	체크섬(16)

※ ( )안은 비트 수

그림 3-34 IP 전화의 음성 데이터 전송

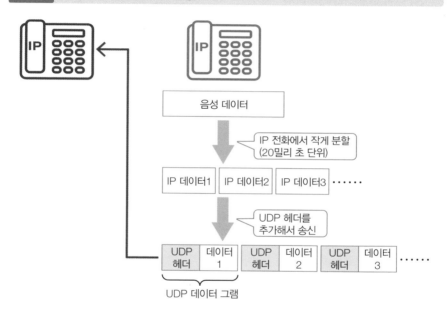

Point

✔ UDP는 애플리케이션에 데이터를 배분하기 위해 이용하는 프로토콜
✔ IP 전화의 음성 데이터와 같은 실시간 데이터 전송을 할 때 UDP를 이용한다.

네트워크의 전화번호부

반드시 IP 주소를 지정한다

네트워크의 공통 언어로 되어 있는 TCP/IP로 통신할 때는 통신 상대방의 IP 주소를 반드시 지정해야만 합니다(그림 3-35).

이름해석

IP 주소가 필요하다고는 해도, 애플리케이션을 이용하는 사용자가 IP 주소를 이해하 긴 어렵습니다. 그래서, 애플리케이션이 동작하는 서버는 클라이언트 PC 등의 호스 트에 사용자가 이해하기 쉬운 이름인 **호스트명**을 붙입니다.

애플리케이션을 이용하는 사용자가 의식하는 것은 웹사이트 주소인 URL과 메일 주 소 등입니다. URL과 메일 주소에는 호스트명 자체나 호스트 이름을 구하기 위한 정 보가 포함됩니다.

사용자가 URL 등으로 애플리케이션의 주소를 지정하면, 호스트 이름에 대응하는 IP 주소를 자동으로 구하는 것이 **DNS**의 역할입니다. 이처럼 호스트명에서 IP 주소 를 구하는 방법을 **이름해석**이라고 부릅니다. DNS는 가장 자주 이용되는 이름해석 방법입니다.

네트워크의 전화번호부

DNS는 보통 우리가 이용하는 휴대전화의 전화번호부와 같은 이미지입니다. 전화를 걸려면 전화번호가 필요합니다. 하지만, 전화번호를 몇 개씩이나 기억하기는 어렵기 때문에, 미리 연락처에 이름과 전화번호를 등록해 둡니다. 전화를 걸 때에는 상대방 의 이름을 지정하면, 자동으로 해당하는 전화번호로 전화가 걸립니다.

TCP/IP 통신도 이와 같은 일을 합니다. TCP/IP 통신에 필요한 IP 주소는 TCP/IP 네트워크의 전화번호부인 DNS에 문의해서 조사합니다(그림 3-36).

그림 3-35 통신에는 IP 주소가 필요

TCP/IP 통신에는 반드시 IP 헤더에 IP 주소를 지정한다

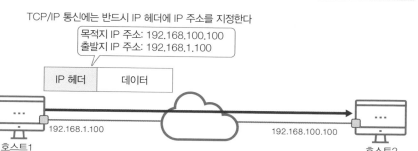

목적지 IP 주소: 192.168.100.100
출발지 IP 주소: 192.168.1.100

IP 헤더 | 데이터

호스트1   192.168.1.100   192.168.100.100   호스트2

그림 3-36 DNS와 전화번호부

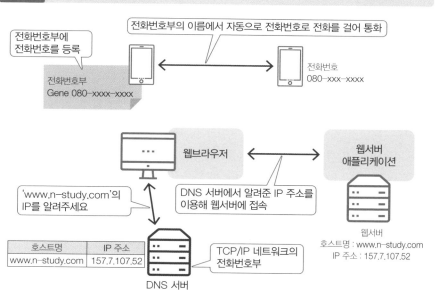

전화번호부에
전화번호를 등록

전화번호부의 이름에서 자동으로 전화번호로 전화를 걸어 통화

전화번호부
Gene 080-xxxx-xxxx

전화번호
080-xxx-xxxx

웹브라우저

웹서버
애플리케이션

'www.n-study.com'의
IP를 알려주세요

DNS 서버에서 알려준 IP 주소를
이용해 웹서버에 접속

웹서버
호스트명 : www.n-study.com
IP 주소 : 157.7.107.52

호스트명	IP 주소
www.n-study.com	157.7.107.52

TCP/IP 네트워크의
전화번호부

DNS 서버

Point

✔ TCP/IP로 통신할 때에는 반드시 IP 주소를 지정해야만 한다.

✔ IP 주소로는 이해하기 어려우므로 호스트명을 이용해서 통신 상대를 지정하는 경우가 많다.

✔ 호스트명에서 IP 주소를 구하는 것을 이름해석이라고 부르고, DNS를 이용하는 경우가 대부분이다.

DNS로 IP 주소를 자동으로 구한다

DNS 서버

DNS를 이용하려면 DNS 서버가 필요합니다. DNS 서버에 미리 호스트명과 IP 주소의 대응 관계를 등록해 둡니다. DNS 서버에는 호스트명과 IP 주소의 대응 관계뿐만 아니라 그 밖에도 여러 가지 정보를 등록합니다. DNS 서버에서 등록하는 정보를 **리소스 레코드**라고 부릅니다. 리소스 레코드의 주요 종류를 [표 3-7]에 정리했습니다.

DNS의 이름해석

DNS의 이름해석 원리를 살펴보겠습니다. 우선, DNS 서버에 필요한 정보(리소스 레코드)를 바르게 등록하는 것이 대전제입니다. DNS 서버는 루트를 정점으로 한 계층 구조로 되어 있습니다.

그리고, 애플리케이션이 동작하는 호스트에는 DNS 서버의 IP 주소를 설정해 둡니다. 애플리케이션을 이용하는 사용자가 호스트 이름을 지정하면, 자동으로 DNS 서버에 대응하는 IP 주소를 질의합니다. DNS 서버에 질의하는 기능은 윈도우 등 OS에 내정되어 있고, **DNS 리졸버**라고 부릅니다.

질의한 호스트명에 관한 정보가 반드시 가까운 DNS 서버에 있다고는 할 수 없습니다. 자신이 관리하는 도메인 이외의 호스트명을 찾으려면 **루트**에서부터 더듬어 가며 여러 번 질의를 반복해야 합니다. [그림 3-37]은 'www.n-study.com'의 IP 주소를 질의하는 예입니다.

DNS가 이처럼 이름해석을 반복해서 묻는 것을 **재귀질의**라고 부릅니다. 하지만, 매번 루트에서부터 재귀질의를 하는 것은 효율적이지 않습니다. 그래서 DNS 서버와 리졸버는 질의한 정보를 한동안 캐시에 보존합니다. 얼마나 오래 캐시에 보존할지는 설정하기 나름이지만, 과거에 질의한 결과가 캐시에 남아 있으면, 루트에서부터 찾지 않아도 이름해석을 할 수 있습니다.

표 3-7 주요 리소스 레코드

종류	의미
A	호스트명에 대응하는 IP 주소
AAAA	호스트명에 대응하는 IPv6 주소
CNAME	호스트명에 대응하는 별명
MX	도메인명에 대응하는 메일 서버
NS	도메인명을 관리하는 DNS 서버
PTR	IP 주소에 대응하는 호스트명

※ IP의 새로운 버전이 IPv6. IPv6에서는 128비트 주소를 이용한다.

그림 3-28 DNS 이름해석의 예

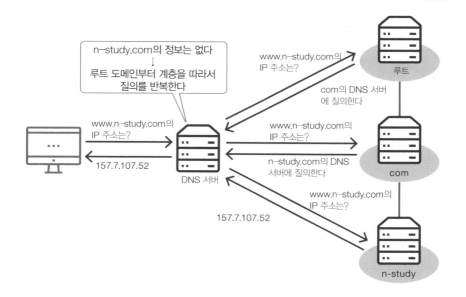

Point

✔ DNS 서버에 호스트명과 IP 주소 등의 리소스 레코드를 등록해 둔다.

✔ DNS 서버에 질의하는 기능을 DNS 리졸버라고 부른다.

✔ DNS 서버로 IP 주소를 질의할 때는 루트에서부터 질의를 반복한다.

필요한 설정을 자동화한다

통신하기 위해서는 설정이 필요

TCP/IP를 이용해 통신하기 위해서는 PC/스마트폰, 서버, 각종 네트워크 기기에 TCP/IP 설정이 바르게 되어 있어야만 합니다.

설정을 자동화하는 DHCP

IT 기술에 익숙한 사용자라도 설정할 때 실수하는 경우는 종종 있습니다. 이런 설정 실수 등을 없애려면 설정을 자동화하는 방법이 효과적입니다. 설정을 자동화하는 프로토콜이 DHCP입니다.

DHCP의 동작

DHCP를 이용하려면 미리 DHCP 서버를 준비하고, 할당할 IP 주소 등 TCP/IP 설정을 등록해 둡니다. 그리고 PC 등에서 **DHCP 클라이언트**가 되도록 설정합니다(그림 3-38). DHCP 클라이언트의 호스트가 네트워크에 접속하면, DHCP 서버와 다음 네 가지 메시지를 주고 받으면서 자동으로 TCP/IP 설정을 합니다(그림 3-39).

- ◆ DHCP DISCOVER
- ◆ DHCP OFFER
- ◆ DHCP REQUEST
- ◆ DHCP ACK

DHCP의 통신은 브로드캐스트를 이용합니다. 애초에 DHCP 클라이언트는 자신의 IP 주소는 물론이고 DHCP 서버의 IP 주소조차 알 수 없습니다. 주소를 몰라도 일단 뭔가 데이터를 보내고 싶을 때는 브로드캐스트를 이용합니다.

그림 3-38 DHCP 클라이언트 설정

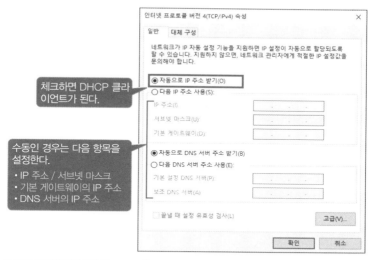

인터넷 프로토콜 버전 4(TCP/IPv4) 속성 ✕

일반 대체 구성

네트워크가 IP 자동 설정 기능을 지원하면 IP 설정이 자동으로 할당되도록
할 수 있습니다. 지원하지 않으면, 네트워크 관리자에게 적절한 IP 설정값을
문의해야 합니다.

체크하면 DHCP 클라
이언트가 된다.

◉ 자동으로 IP 주소 받기(O)
○ 다음 IP 주소 사용(S):

IP 주소(I)
서브넷 마스크(U)
기본 게이트웨이(D)

수동인 경우는 다음 항목을
설정한다.
• IP 주소 / 서브넷 마스크
• 기본 게이트웨이의 IP 주소
• DNS 서버의 IP 주소

◉ 자동으로 DNS 서버 주소 받기(B)
○ 다음 DNS 서버 주소 사용(E):
기본 설정 DNS 서버(P)
보조 DNS 서버(A)

□ 끝날 때 설정 유효성 검사(L)   고급(V)...

확인   취소

※ 기본 게이트웨이에 관해서는 6-18 참조

그림 3-39 DHCP의 동작

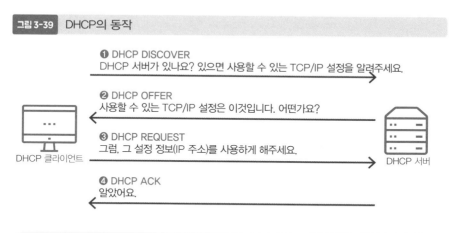

❶ DHCP DISCOVER
DHCP 서버가 있나요? 있으면 사용할 수 있는 TCP/IP 설정을 알려주세요.

❷ DHCP OFFER
사용할 수 있는 TCP/IP 설정은 이것입니다. 어떤가요?

❸ DHCP REQUEST
그럼, 그 설정 정보(IP 주소)를 사용하게 해주세요.

DHCP 클라이언트

❹ DHCP ACK
알았어요.

DHCP 서버

Point

✔ TCP/IP 설정 항목은 다음과 같다.
   • IP 주소 / 서브넷 마스크   • 기본 게이트웨이의 IP 주소   • DNS 서버의 IP 주소
✔ DHCP로 TCP/IP 설정을 자동으로 한다.

실습코너

TCP/IP 설정을 확인해보자

윈도우 PC로 통신하기 위한 TCP/IP 설정을 확인해봅시다.

1. 명령 프롬프트를 연다

[시작] 버튼 옆 검색창에 'cmd'라고 입력하고 [Enter] 키를 눌러 명령 프롬프트를 엽니다.

'cmd'라고 입력하고 [Enter]키를 누른다

2. ipconfig 명령으로 TCP/IP 설정을 표시한다

명령 프롬프트 창에 'ipconfig/all'을 입력하면, TCP/IP 설정이 표시됩니다. 표시된 설정에서 IP 주소, 서브넷 마스크, 기본 게이트웨이의 IP 주소, DNS 서버의 IP 주소 정보를 확인해봅시다.

그림 3-40 ipconfig 명령의 예

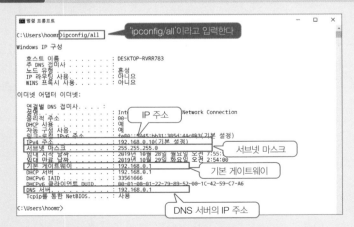

Ch >>> **4**

웹사이트의
동작 원리

매일 보는 웹사이트, 얼마나 알고 있을까?

웹사이트는 어떻게 생겼을까?

웹사이트란 웹서버 애플리케이션이 공개하는 다양한 웹페이지의 집합입니다. 웹사이트를 만들려면 웹서버에 웹서버 애플리케이션을 설치하고, 공개할 웹페이지를 결정할 필요가 있습니다. 웹페이지는 일반적으로 **HTML 파일**로 만듭니다(그림 4-1).

웹사이트를 본다는 것은?

'웹사이트를 본다'는 것은 웹사이트를 구성하는 웹페이지의 파일을 웹서버 애플리케이션에서 웹브라우저로 전송하여 표시하는 것입니다(그림 4-2).

① 웹브라우저에서 웹사이트 주소를 입력하거나 링크를 클릭하면, 웹서버 애플리케이션에 파일 전송 요청을 보냅니다.

② 웹서버 애플리케이션은 요청받은 파일을 응답으로서 돌려보냅니다.

③ 웹브라우저에서 수신한 파일을 표시하면, 웹사이트를 볼 수 있게 됩니다.

웹사이트를 볼 때, 웹브라우저와 웹서버 애플리케이션 사이의 웹페이지 파일 전송이 한 번으로 끝나는 것은 아닙니다. 필요하면 여러 번 파일 전송을 반복합니다. 웹페이지 파일 전송에 이용하는 TCP/IP의 애플리케이션층 프로토콜은 HTTP입니다(암호화하는 경우는 애플리케이션층 프로토콜로 HTTPS를 이용합니다). 애플리케이션층에서 인터넷층까지 프로토콜의 조합은 웹브라우저도 웹서버 애플리케이션도 모두 같습니다. 최하층인 네트워크 인터페이스층 프로토콜은 같은 것을 사용할 필요는 없습니다.

그림 4-1 웹사이트의 구성

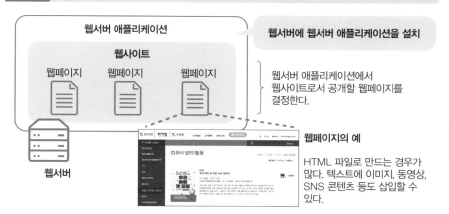

웹서버 애플리케이션

웹사이트

웹페이지   웹페이지   웹페이지

웹서버

웹서버에 웹서버 애플리케이션을 설치

웹서버 애플리케이션에서
웹사이트로서 공개할 웹페이지를
결정한다.

웹페이지의 예

HTML 파일로 만드는 경우가
많다. 텍스트에 이미지, 동영상,
SNS 콘텐츠 등도 삽입할 수
있다.

그림 4-2 웹사이트를 본다

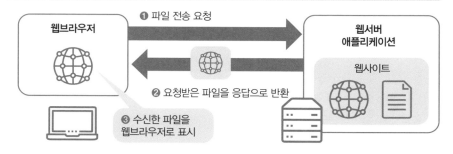

웹브라우저

❶ 파일 전송 요청

웹서버
애플리케이션

웹사이트

❷ 요청받은 파일을 응답으로 반환

❸ 수신한 파일을
웹브라우저로 표시

웹사이트 접속에 이용하는 프로토콜의 조합

HTTP	애플리케이션층
TCP	트랜스포트층
IP	인터넷층
이더넷 등	네트워크 인터페이스층

Point

✔ 웹사이트는 서버 애플리케이션에서 공개하는 웹페이지의 집합이다.

✔ 웹페이지는 HTML 파일로 만들어지는 경우가 많다.

✔ 웹사이트를 본다는 것은 웹브라우저와 웹서버 애플리케이션 사이에서 웹페이지 파일을
전송하는 것이다.

웹페이지를 만든다

웹페이지는 HTML 파일로 만들어진다 ////////////////////////////////////

웹페이지를 만드는 HTML 파일의 HT는 HyperText(하이퍼텍스트)의 머릿글자입니다. '하이퍼텍스트'란 복수의 문서를 연결해 서로 참조할 수 있는 문서입니다(그림 4-3). HTML의 ML은 Markup Language의 줄임말로 한국어로 옮기면 마크업 언어입니다. 마크업 언어란 문서의 구조를 명확히 표현하기 위한 언어입니다. 마크업 언어를 이용해 문서의 제목이나 헤드라인, 단락, 리스트, 다른 문서 인용 등의 구조를 명확히 함으로써, 컴퓨터로 문장 구조 분석을 간편하게 할 수 있습니다.

외관을 지정하는 HTML 태그 ////////////////////////////////////

HTML에서는 문서 구조나 링크, 문자 크기나 폰트 등의 외관을 지정하고자 **HTML 태그**를 이용합니다. HTML 태그에는 시작 태그와 종료 태그가 있고, 세트로 이용합니다. 시작 태그는 문서의 요소를 '〈 〉'로 감싸고, 종료 태그는 '〈/ 〉'로 감싸줍니다. 시작 태그와 종료 태그로 요소를 감싸는 것을 '마크업'이라고 합니다. 태그는 '표지'라는 의미입니다. '이 부분은 이런 요소의 내용이에요.'라고 표지를 붙이는 것이 마크업이라는 말의 의미입니다.

예를 들어 '네트워크 공부를 해볼까요?'라는 제목을 나타내는 HTML 태그는 다음과 같습니다.

```
<title>네트워크 공부를 해볼까요?</title>
```

이 경우, 시작 태그 〈title〉과 종료 태그 〈/title〉로 감싼 '네트워크 공부를 해볼까요?'가 title 요소가 됩니다. '이 문서의 제목은 '네트워크 공부를 해볼까요?'입니다'라고 마크업했으므로, 웹브라우저 창이나 탭 부분에 '네트워크 공부를 해볼까요?'가 표시됩니다(그림 4-4).

그림 4-3 하이퍼텍스트

링크를 클릭해서
'웹페이지2'를 참조

링크를 클릭해서
'웹페이지3'을 참조

웹페이지1   웹페이지2   웹페이지3

TCP/IP   라우터

Chapter
4

그림 4-4 HTML 태그의 예

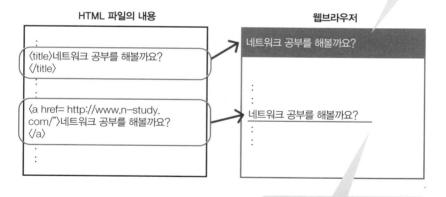

title 태그의 내용이
브라우저 창과 탭에 표시된다.

HTML 파일의 내용   웹브라우저

〈title〉네트워크 공부를 해볼까요?
〈/title〉

네트워크 공부를 해볼까요?

〈a href= http://www.n-study.
com/"〉네트워크 공부를 해볼까요?
〈/a〉

네트워크 공부를 해볼까요?

링크를 클릭하면
http://www.n-study.com/ 으로 이동

Point

✔ HTML 파일을 작성하기 위해 HTML을 이용한다.

✔ HTML 태그로 문서의 구조나 링크, 외관을 결정할 수 있다.

웹페이지를 보기 좋게 꾸민다

웹페이지의 외관도 중요하다 //

웹페이지를 보는 것은 인간입니다. 웹페이지를 보는 사용자에게 웹페이지에서 전달하고자 하는 내용을 잘 전달려면 어떻게 보이는지도 중요한 요소입니다. 예를 들어, 문장 속에 중요한 부분은 색을 바꾸거나 굵게 하는 등 보기 좋게 꾸미면 내용이 전달되기 쉬워집니다.

HTML 태그로 웹페이지의 외관을 지정할 수 있습니다. 예를 들어, HTML 태그의 font 요소는 문자의 폰트 종류와 크기를 지정할 수 있습니다. 다만, 일일이 폰트를 지정하는 작업은 매우 번거롭습니다.

웹사이트는 복수의 웹페이지(HTML 파일)로 구성되므로, 폰트를 변경할 때는 모든 웹페이지에서 변경해야만 합니다. 이런 작업은 매우 시간이 오래 걸립니다. 그래서, 현재는 폰트 등 문서의 전체적인 디자인을 **스타일 시트**로 따로 정의하는 것이 일반적입니다.

스타일 시트 //

스타일 시트란 문서의 레이아웃이나 문자의 폰트와 색 등 웹페이지의 디자인을 정의하는 방법입니다. 스타일 시트를 기술하기 위한 CSS(Cascading Style Sheets)라고 불리는 언어가 있습니다(CSS를 단순히 스타일 시트라고 칭하는 경우도 자주 있습니다). 스타일 시트는 HTML 파일 안에 기술할 수도 있지만, 대개 HTML 파일과는 별도로 스타일 시트 파일을 작성합니다. HTML 파일 자체에는 문서의 헤드라인이나 단락 등 구조와 그 내용만 기술해 두고, 디자인은 스타일 시트를 읽어오는 식으로 문서의 구조와 디자인을 분리시킵니다(그림 4-5).

스타일 시트를 사용하면, 웹페이지의 디자인도 간단히 변경할 수 있게 됩니다. 웹페이지는 메인 콘텐츠 이외에 헤더와 푸터, 메뉴 등 여러 가지 콘텐츠로 구성되어 있습니다. 웹페이지를 구성하는 콘텐츠의 레이아웃을 변경하고 싶을 때에는 스타일 시트를 변경하기만 하면 됩니다(그림 4-6).

그림 4-5 스타일 시트의 개요

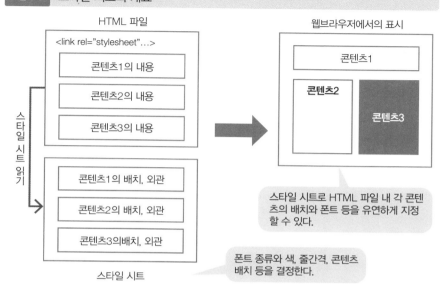

HTML 파일

웹브라우저에서의 표시

스타일시트읽기

스타일 시트

스타일 시트로 HTML 파일 내 각 콘텐츠의 배치와 폰트 등을 유연하게 지정할 수 있다.

폰트 종류와 색, 줄간격, 콘텐츠 배치 등을 결정한다.

그림 4-6 페이지 디자인 변경 예

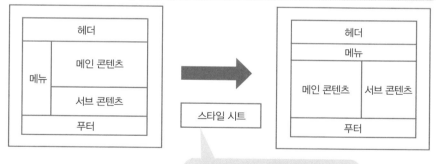

스타일 시트

스타일 시트를 변경하는 것만으로 콘텐츠의 레이아웃을 변경할 수 있다.

Point

✔ 스타일 시트로 웹페이지의 디자인을 지정할 수 있다.

✔ 스타일 시트를 이용하면 웹페이지의 디자인을 간편하게 변경할 수 있다.

웹사이트의 주소

웹사이트의 주소

지금까지 설명한 것처럼 웹사이트는 HTML 파일로 작성한 웹페이지의 집합입니다. 그리고 웹사이트를 볼 때는 웹페이지의 HTML 파일을 다운로드해서 웹브라우저로 표시합니다. 웹사이트를 보기 위해서는 도대체 어느 웹페이지 파일을 보고 싶은지 지정해야만 합니다. 전송받고 싶은 웹페이지를 지정하는 것이 웹사이트의 주소입니다.

URL의 의미

웹사이트 주소는 주로 'http://'로 시작되는 문자열로, URL(Uniform Resource Locator)이라고 불립니다(정식으로는 URI(Uniform Resource Identifier)이지만, URL 이라는 표현이 널리 일반적으로 사용됩니다).

URL은 'http://www.n-study.com/network/index.html'처럼 기술합니다. 맨 앞의 http는 **스킴**이라고 해서, 웹브라우저가 웹서버의 데이터에 접속하기 위한 프로토콜을 나타냅니다. 보통은 http이지만, https나 ftp 등을 이용하기도 합니다. 콜론(:) 뒤에는 파일이 있는 장소를 나타내고, //는 그 뒤로 이어지는 부분이 호스트명임을 나타냅니다. 웹서버에 접속할 때는 호스트명에서 IP 주소로 변환하는 DNS의 이름해석이 필요합니다.

호스트명 뒤에는 포트 번호가 이어지지만, 대부분 생략합니다. 생략한 경우에는 지정된 스킴에서 프로토콜의 웰노운 포트를 사용합니다. 호스트명 뒷부분이 웹서버 어디에 목적으로 하는 파일이 있는지 나타내는 경로입니다(그림 4-7).

이 URL은 'www.n-study.com'이라는 웹서버가 인터넷에 공개한 디렉터리 'network' 안에 있는 'index.html'이라는 파일을 'HTTP'로 전송하도록 요청합니다.

그림 4-7 URL의 예

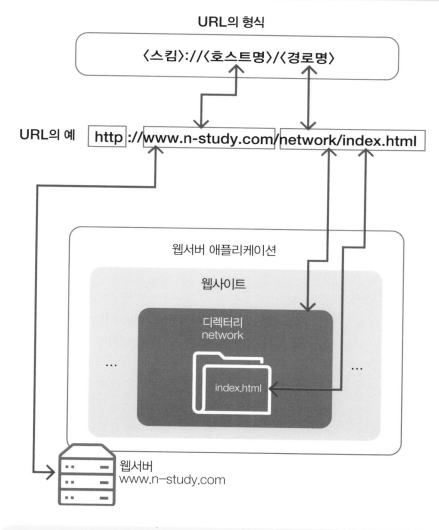

URL의 형식

〈스킴〉://〈호스트명〉/〈경로명〉

URL의 예 `http`://`www.n-study.com`/`network/index.html`

Chapter
4

웹서버 애플리케이션

웹사이트

디렉터리
network

index.html

웹서버
www.n-study.com

Point

✔ 웹사이트 주소는 URL이라고 불린다.

✔ URL은 전송받고 싶은 웹서버와 그 파일을 나타낸다.

웹사이트의 파일을 요청한다

HTML 파일 전송

웹사이트를 구성하는 HTML 파일을 전송하기 위해 **HTTP**(Hyper Text Transfer Protocol)를 이용합니다. HTTP를 그대로 해석하면, 하이퍼텍스트를 전송하는 프로토콜입니다. 단, HTTP는 HTML 파일뿐만 아니라, 다양한 종류의 파일을 전송하는 범용적인 프로토콜로도 이용할 수 있습니다. JPEG이나 PNG 등의 이미지 파일은 물론이고, PDF나 워드, 엑셀 등의 문서 파일도 전송할 수 있습니다.

HTTP 파일 전송은 HTTP 리퀘스트(요청)와 HTTP 리스폰스(응답)를 주고받으면서 이루어집니다. HTTP는 트랜스포트층의 프로토콜로서 TCP를 이용하므로, HTTP 통신을 하기 전에 TCP 커넥션을 맺습니다.

HTTP 리퀘스트

웹브라우저에서 웹서버 애플리케이션으로 보내는 **HTTP 리퀘스트**는 리퀘스트 라인, 메시지 헤더, 엔티티 바디의 세 부분으로 나뉩니다. 메시지 헤더와 엔티티 바디 사이에는 공백 라인이 있습니다(그림 4-8).

리퀘스트 라인은 HTTP 리퀘스트의 첫 번째 줄로, 웹서버에 대한 실제 처리 요청을 전달합니다. 리퀘스트 라인은 다시 메소드, URI, 버전으로 구성됩니다. 메소드는 서버에 대한 요청을 나타냅니다(표 4-1). 가장 자주 사용되는 메소드는 GET입니다. 웹브라우저에서 URL을 입력하거나 링크를 클릭하거나 하면 GET 메소드의 HTTP 리퀘스트를 웹서버 애플리케이션으로 보내게 됩니다. **메시지 헤더**는 요청 라인에 이어지는 여러 줄의 텍스트입니다. 여기에는 웹브라우저의 종류와 버전, 대응하는 데이터 형식 등의 정보를 기술합니다.

메시지 헤더 다음은 공백 라인으로 구분하고, 그 뒤로 엔티티 바디가 이어집니다. **엔티티 바디**는 POST 메소드로 웹브라우저에서 데이터를 보낼 때 사용됩니다.

그림 4-8 HTTP 리퀘스트의 형식

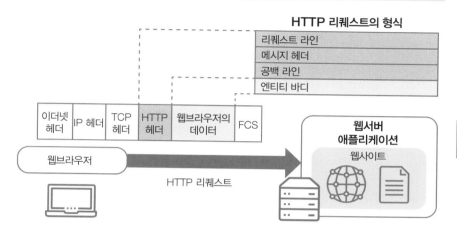

표 4-1 주요 HTTP 메소드

메소드	의미
GET	URI로 지정한 데이터를 가져옵니다.
HEAD	URI로 지정한 데이터의 헤더만 가져옵니다.
POST	서버에 데이터를 보냅니다.
PUT	서버에 파일을 보냅니다.
DELETE	서버의 파일을 삭제하도록 요청합니다.
CONNECT	프록시 서버를 경유해 통신합니다.

Point

✔ 웹브라우저와 웹서버 애플리케이션은 HTTP를 이용해 웹페이지 파일을 전송한다.

✔ HTTP 통신 전에 웹브라우저와 웹서버 애플리케이션은 TCP 커넥션을 맺는다.

✔ HTTP 리퀘스트로 웹브라우저에서 웹서버 애플리케이션으로 파일 전송을 요청한다.

웹사이트의 파일을 전송한다

응답으로 돌아오는 HTTP 리스폰스 //

HTTP 리퀘스트에 대한 응답으로 **HTTP 리스폰스**를 반환합니다. HTTP 리스폰스는 HTTP 리퀘스트와 비슷하게 리스폰스 라인, 메시지 헤더, 엔티티 바디로 구성됩니다(그림 4-9).

리스폰스 라인은 다시 버전, 상태 코드, 설명문으로 나뉩니다. **버전**은 리퀘스트와 마찬가지로 HTTP의 버전을 나타내며, 현재 주요 버전은 1.0이나 1.1입니다. **상태 코드**는 리퀘스트에 대한 웹서버 애플리케이션의 처리 결과를 나타내는 3자리로 된 숫자입니다. 상태 코드에는 많은 종류가 있고, 표처럼 맨 앞자리에서 대략적인 의미가 정해집니다.

설명문이란 상태 코드의 의미를 간단히 보여주는 텍스트입니다(표 4-2). 웹서버 애플리케이션이 반환하는 상태 코드에서 가장 많은 것은 '200'입니다. 상태 코드 200은 요청을 정상적으로 처리됐음을 나타냅니다. 하지만, 요청이 정상적으로 처리되면 웹브라우저에는 요청한 내용이 표시되므로, 상태 코드 200 자체를 사용자가 보게 되는 경우는 거의 없습니다.

웹브라우저 사용자라면 누구나 한 번쯤 본 적 있는 상태 코드는 아마도 '404'일 것입니다. URL을 잘못 입력하거나 웹페이지가 삭제되거나 하면, 웹서버는 상태 코드 404를 반환합니다. 상태 코드 404를 받으면 웹브라우저에서는 '페이지를 찾을 수 없습니다.' 와 같은 메시지를 보여줍니다.

메시지 헤더는 웹서버 애플리케이션이 더 자세한 정보를 웹브라우저에 전달하기 위해 이용합니다. 예를 들어, 데이터 형식이나 갱신 날짜 등이 기술됩니다.

그 뒤로 구분을 위한 공백 라인이 있고, 공백 라인 뒤에 엔티티 바디가 이어집니다. 엔티티 바디에는 웹브라우저에 돌려보낼 데이터가 들어갑니다. 웹브라우저에 돌려보내는 데이터는 주로 HTML 파일입니다.

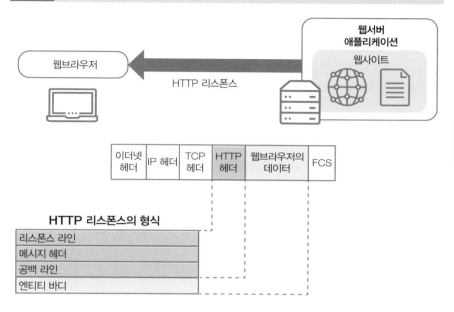

그림 4-9 HTTP 리스폰스의 형식

그림 4-2 주요 HTTP 상태 코드

상태 코드 값	의미
1xx	정보. 추가 정보가 있음을 전달합니다.
2xx	성공. 서버가 요청을 처리했음을 전달합니다.
3xx	리다이렉트. 다른 URI로 다시 리퀘스트하도록 요청합니다.
4xx	클라이언트 에러. 요청에 문제가 있어 처리할 수 없음을 전달합니다.
5xx	서버 에러. 서버 쪽에 문제가 있어 처리할 수 없음을 전달합니다.

Point

✔ HTTP 리퀘스트에 대해 HTTP 리스폰스로 응답한다.

✔ HTTP 리스폰스에는 전송해야 하는 파일이 포함된다.

✔ 파일 크기가 크면 TCP에 의해 분할된다.

웹사이트 접속 기록을 기억해 둔다

웹페이지의 내용을 커스터마이징하고 싶다 //

상황에 따라 웹페이지의 내용을 커스터마이징하고 싶을 때에는 HTTP 쿠키
(Cookie)를 이용합니다.

특정 정보를 기억해 두는 HTTP 쿠키 //

HTTP 쿠키는 웹서버 애플리케이션이 웹브라우저에 특정 정보를 저장해 두는 기술입
니다. 웹서버 애플리케이션은 웹브라우저의 요청에 대한 HTTP 리스폰스에 쿠키를
포함하여 보냅니다(쿠키 정보는 HTTP 헤더에 포함됩니다). 웹브라우저가 쿠키를 받을
수 있게 설정되어 있으면, 수신한 쿠키를 저장합니다. 그 뒤로 같은 웹사이트에 접속
할 때는 HTTP 리퀘스트에 쿠키도 함께 포함됩니다(그림 4-10). 쿠키를 이용함으로
써, 웹서버는 사용자의 로그인 정보나 사이트 내 웹페이지 열람 이력을 관리할 수 있
습니다. 접속한 사용자에 맞게 웹페이지 내용을 개인화할 수도 있습니다. 예를 들어,
쇼핑 사이트에서 추천 상품을 표시하려면, 사용자가 어떤 상품 정보를 찾았을 때, 그
기록을 쿠키로 웹브라우저에 저장해 둡니다. 나중에 사용자가 다시 사이트에 접속해
오면, 쿠키를 읽어 지난 번에 찾았던 상품과 관련된 정보를 추천할 수 있습니다.

쿠키를 확인해 보자 //

웹브라우저에 저장된 쿠키는 다음과 같이 확인할 수 있습니다(크롬 브라우저의
경우).

① 주소창에 chrome://settings/content/cookies를 입력한다.

② '모든 쿠키 및 사이트 데이터 보기'를 연다(그림 4-11).

③ 웹사이트(웹서버)별로 저장된 쿠키를 클릭한다.

그림 4-10 쿠키의 개요

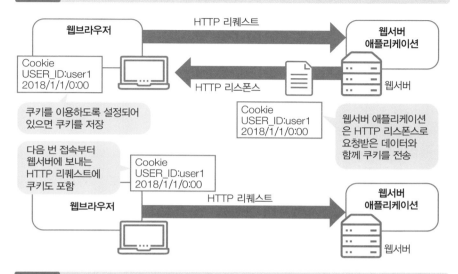

그림 4-11 Chrome 브라우저로 쿠키 확인

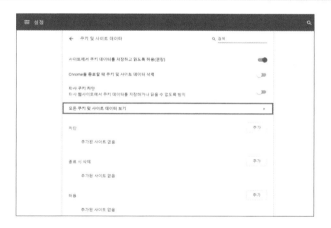

Point

✔ HTTP 쿠키는 웹서버 애플리케이션이 웹브라우저에 특정 정보를 저장해 두는 기술이다.

✔ 쿠키를 이용해 웹페이지 내용을 커스터마이징할 수도 있다.

웹사이트 접속을 대행한다

웹 접속을 대신하는 서버

웹페이지를 열람할 때 웹브라우저와 웹서버 애플리케이션은 서로 통신합니다. 이때 그 사이에 **프록시 서버**를 거치는 경우가 있습니다. 프록시 서버란 웹사이트 접속을 대행하는 서버입니다. 프록시는 영어 proxy의 발음을 그대로 표기한 것으로, '대리'라는 의미입니다.

서버를 프록시 서버로 동작시키려면, 서버에서 프록시 서버 애플리케이션을 실행해야 합니다. 또 이 프록시 서버를 이용하기 위해서는 웹브라우저에서 프록시 서버 설정을 할 필요가 있습니다.

프록시 서버를 경유하는 웹 접속은 아래와 같이 진행됩니다.

① 클라이언트 PC의 웹브라우저에서 URL을 입력하면, 프록시 서버로 HTTP 리퀘스트를 보낸다.

② 프록시 서버에서 URL로 지정된 웹서버에 HTTP 리퀘스트를 보낸다.

③ 웹서버에서 프록시 서버로 HTTP 리스폰스를 보낸다.

④ 프록시 서버에서 클라이언트 PC의 웹브라우저로 HTTP 리스폰스를 보낸다.

클라이언트 PC의 웹브라우저에서 프록시 서버에 접속할 때에는 TCP 포트 번호 8080을 사용하는 경우가 많습니다(그림 4-12).

그림 4-12　프록시 서버를 경유하는 웹 접속

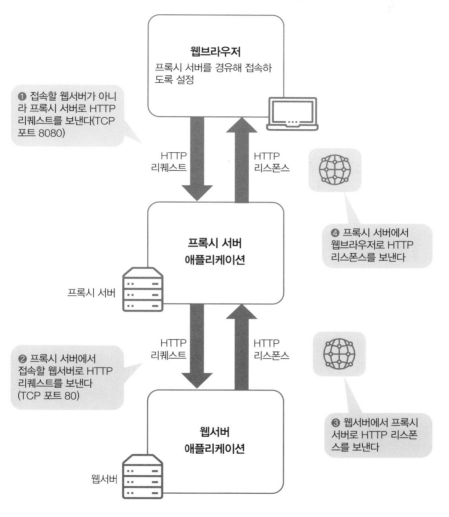

웹브라우저
프록시 서버를 경유해 접속하
도록 설정

❶ 접속할 웹서버가 아니
라 프록시 서버로 HTTP
리퀘스트를 보낸다(TCP
포트 8080)

HTTP
리퀘스트

HTTP
리스폰스

**프록시 서버
애플리케이션**

프록시 서버

❹ 프록시 서버에서
웹브라우저로 HTTP
리스폰스를 보낸다

❷ 프록시 서버에서
접속할 웹서버로 HTTP
리퀘스트를 보낸다
(TCP 포트 80)

HTTP
리퀘스트

HTTP
리스폰스

**웹서버
애플리케이션**

웹서버

❸ 웹서버에서 프록시
서버로 HTTP 리스폰
스를 보낸다

Chapter
4

Point

✔ 프록시 서버는 웹 접속을 대신하는 서버다.

✔ 웹서버에서 보면 접속하는 것은 프록시 서버이고, 원래 클라이언트는 알 수 없게 된다.

직원이 보는 웹사이트를 확인한다

관리자 입장에서 보는 프록시 서버의 목적

기업 네트워크에서 프록시 서버를 도입하는 경우가 자주 있습니다. 기업 네트워크 관리자 입장에서 프록시 서버를 도입하는 목적은 두 가지로 볼 수 있습니다.

클라이언트의 웹브라우저에서 접속하는 웹사이트를 확인한다

관리자가 프록시 서버를 이용하는 목적 중 하나는 클라이언트 PC의 웹브라우저에서 어떤 웹사이트에 접속하는지 확인하는 것입니다(그림 4-13).

프록시 서버로 각 클라이언트 PC의 웹브라우저에서 어떤 URL의 웹사이트에 접속하는지 모두 알 수 있습니다. 직원이 업무에 관계 없는 웹사이트에 접속하는지 확인할 수 있습니다.

부정한 웹사이트에 접속할 수 없게 한다

프록시 서버를 이용하면 부정한 웹사이트에 접속할 수 없게 제한할 수 있습니다(그림 4-14). 웹사이트에 대한 접속 제한을 **URL 필터링** 또는 **웹 필터링**이라고 부릅니다.

URL 필터링에 의해 업무에 불필요한 웹사이트나 성인 사이트 등의 공공의 질서와 선량한 풍속에 반하는 웹사이트에 접속하는 것을 방지할 수 있습니다.

그림 4-13 프록시 서버로 접속하는 웹사이트를 확인

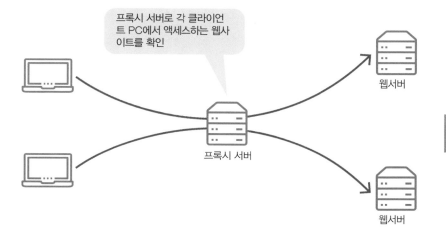

프록시 서버로 각 클라이언
트 PC에서 액세스하는 웹사
이트를 확인

웹서버

프록시 서버

웹서버

그림 4-14 부정한 웹사이트 접속 제한

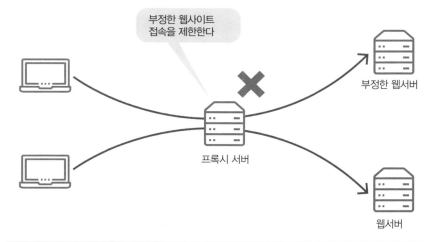

부정한 웹사이트
접속을 제한한다

부정한 웹서버

프록시 서버

웹서버

Point

✔ 기업 네트워크의 관리자로서 프록시 서버를 도입하는 주된 목적은 아래와 같다.
  • 접속하는 웹사이트를 확인한다.
  • 부정한 웹사이트 접속을 제한한다.

웹브라우저는 웹서핑만 하는 게 아니다

웹브라우저만 있으면 된다 //

오늘날 웹브라우저는 단순히 웹사이트만 보는 애플리케이션이 아닙니다. 애플리케이션의 유저 인터페이스로도 널리 이용되고 있습니다. 웹브라우저를 유저 인터페이스로 이용하는 애플리케이션을 **웹 애플리케이션**이라고 합니다.

예전에는 기업이 사내에서 이용할 업무 애플리케이션을 개발해서 이용하는 것이 일반적이었습니다. 업무용 애플리케이션은 사용자 인터페이스, 다시 말해 사용자가 접하는 화면 레이아웃이나 입력 파라미터 처리 등도 모두 만들어야 합니다. 또 개발한 업무 애플리케이션은 클라이언트 PC에 설치해야 합니다. 게다가 많은 직원이 이용하는 클라이언트 PC의 업무 애플리케이션을 항상 최신 버전으로 유지하는 일은 매우 부담이 큰 작업입니다.

반면에, 웹 애플리케이션은 웹브라우저를 유저 인터페이스로 이용하므로, 클라이언트 PC용 전용 애플리케이션을 개발해 설치해 둘 필요가 없습니다. 웹브라우저만 설치되어 있으면 그것으로 OK입니다. 웹서버 쪽에서 화면 레이아웃 구성이나 입력 파라미터 확인 및 처리를 어떻게 할지 결정하기만 하면 됩니다. 처리 자체는 웹서버가 아니라 별도 **애플리케이션 서버**를 사용하기도 합니다. 애플리케이션 서버는 다시 **데이터베이스 서버**와 연계하는 경우도 있습니다.

웹 애플리케이션을 이용하려면? //

웹 애플리케이션의 처리 개요는 [그림 4-15]를 참조하세요. 이러한 웹 애플리케이션의 예로서, 구글 캘린더 등의 일정 관리나 복수의 사용자 사이에서 정보를 공유하기 위한 그룹웨어, 증권사의 홈 트레이딩, 은행의 인터넷 뱅킹, 온라인 쇼핑 등을 들 수 있습니다.

그림 4-15 웹 애플리케이션의 개요

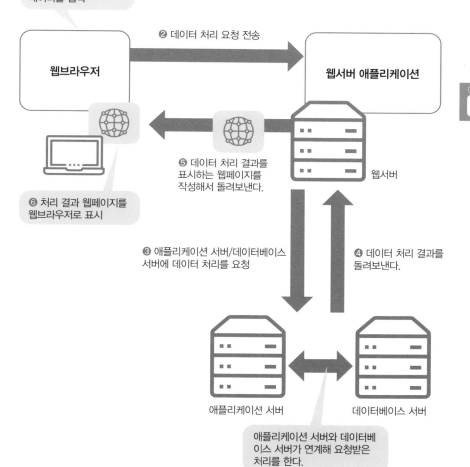

❶ 웹브라우저로 처리할
데이터를 입력

❷ 데이터 처리 요청 전송

웹브라우저

웹서버 애플리케이션

Chapter
4

❺ 데이터 처리 결과를
표시하는 웹페이지를
작성해서 돌려보낸다.

웹서버

❻ 처리 결과 웹페이지를
웹브라우저로 표시

❸ 애플리케이션 서버/데이터베이스
서버에 데이터 처리를 요청

❹ 데이터 처리 결과를
돌려보낸다.

애플리케이션 서버

데이터베이스 서버

애플리케이션 서버와 데이터베
이스 서버가 연계해 요청받은
처리를 한다.

Point

✔ 웹 애플리케이션은 웹브라우저를 유저 인터페이스로 이용하는 애플리케이션이다.

✔ 클라이언트 PC 전용 애플리케이션 설치나 업데이트 등이 필요없어진다.

웹사이트를 볼 때의 준비

이용하는 애플리케이션

웹사이트에 접속하기 위해 이용하는 애플리케이션은 **웹브라우저**입니다. 널리 이용되는 웹브라우저에 'Google Chrome', 'Microsoft Edge/Internet Explorer' 'Mozila Firefox', 'Apple Safari'가 있습니다.

웹브라우저는 대개 특별한 설정을 할 필요가 없습니다. 단, 프록시 서버를 이용할 때는 프록시 서버의 IP 주소와 포트 번호를 설정합니다.

또한, 웹서버에는 **웹서버 애플리케이션**이 필요합니다. 주요 웹서버 애플리케이션으로는 'Apache'나 'Microsoft IIS'가 있습니다.

웹서버 애플리케이션에는 공개할 웹사이트의 파일을 저장한 장소(디렉터리) 등을 설정할 필요가 있습니다(그림 4-10).

이용하는 프로토콜

웹 접속에 이용하는 프로토콜은 HTTP입니다(그림 4-17). 또한, 트랜스포트층에는 TCP를, 인터넷층에는 IP를 이용합니다. HTTP의 웰노운 포트는 80입니다. 네트워크 인터페이스층은 대부분 이더넷을 이용합니다.

웹사이트에 접속할 때는 웹사이트 주소인 URL을 이용합니다. 그 URL로부터 웹서버의 IP 주소를 구하는 이름해석을 하기 위해서는 DNS가 필요합니다. DNS와 ARP는 자동으로 실행되므로 사용자가 그다지 의식할 일은 없지만, 매우 중요한 프로토콜입니다.

그림 4-16 웹 접속에 이용하는 애플리케이션

웹브라우저에는 특별한
설정이 필요 없다.

공개할 웹사이트의 파일이
있는 디렉터리 등을 설정한다.

웹브라우저

**웹서버
애플리케이션**

웹서버

Chapter
4

그림 4-17 웹 접속에 이용하는 프로토콜

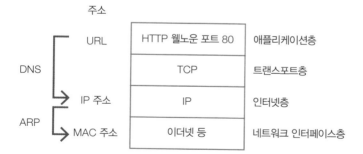

주소

URL

DNS

IP 주소

ARP

MAC 주소

HTTP 웰노운 포트 80	애플리케이션층
TCP	트랜스포트층
IP	인터넷층
이더넷 등	네트워크 인터페이스층

Point

✔ 웹 접속의 대전제는 TCP/IP 설정이 바르게 되어 있는 것이다.

✔ 이용하는 애플리케이션은 웹브라우저와 웹서버 애플리케이션이다.

✔ 이용하는 프로토콜은 HTTP/TCP/IP의 조합이다. 그밖에도 DNS와 ARP도 필요하다.

웹사이트를 보는 흐름

웹사이트를 볼 때의 동작

웹사이트를 보기 위해서 **HTTP 리퀘스트와 HTTP 리스폰스**를 주고받지만, 그 전에 **DNS의 이름해석과 ARP의 주소해석** 기능도 동작합니다. 그리고, TCP로 커넥션도 맺습니다. 간단한 네트워크 구성을 예로 DNS와 ARP, TCP도 포함해 웹사이트를 볼 때의 흐름을 생각해 봅시다.

웹사이트를 볼 때는 웹브라우저에서 URL을 입력합니다(그림 4-18-①). 또는 웹페이지의 링크를 클릭합니다.

TCP/IP는 반드시 IP 주소를 지정해야만 합니다. URL에 포함된 웹서버의 호스트명을 DNS 서버에 질의해 웹서버의 IP 주소를 해석합니다(그림 4-18-②).

DNS 서버에 질의할 때는 이더넷의 MAC 주소를 구하기 위해 ARP도 실행됩니다.

네트워크 구성 예에서는 라우터가 DNS 서버 기능을 가진다고 가정했습니다. 라우터 자체에는 목적지가 되는 웹서버의 IP 주소가 없으므로, 라우터에서 다시 DNS로 질의합니다.

웹서버의 IP 주소를 알면, 그 IP 주소를 지정하여 웹브라우저와 웹서버 애플리케이션 간에 TCP 커넥션을 맺습니다(그림 4-18-③).

웹브라우저와 웹서버 애플리케이션 간의 TCP 커넥션을 확립하고 나서부터, HTTP 리퀘스트와 HTTP 리스폰스를 주고받습니다(그림 4-19-④). 웹브라우저에서 지정한 URL을 포함한 HTTP 리퀘스트(GET 메소드)가 웹서버 애플리케이션에 전송됩니다.

HTTP 리퀘스트를 받은 웹서버 애플리케이션은 요청된 웹페이지의 파일을 HTTP 리스폰스로 반환합니다. TCP에서 복수로 분할된 웹페이지의 파일을 조립하여 웹브라우저에 그 내용을 표시하면, 사용자는 웹사이트를 볼 수 있게 됩니다.

그림 4-18　웹서버의 이름해석

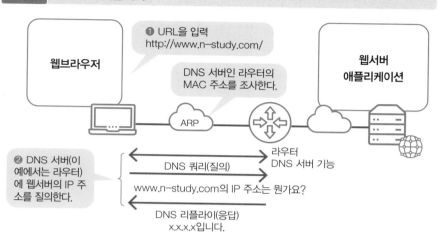

그림 4-19　HTTP 리퀘스트와 HTTP 리스폰스

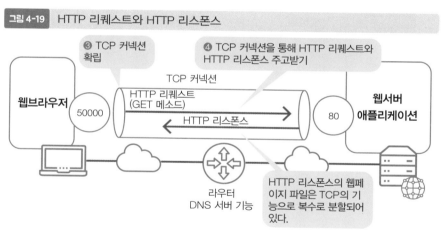

Point

✔ 웹사이트를 볼 때는 DNS의 이름해석과 ARP의 주소해석 기능이 동작한다.

✔ 웹사이트를 보는 때의 흐름
① 웹브라우저에서 URL을 입력　　　② 웹서버의 IP 주소를 해석
③ TCP 커넥션 확립　　　④ HTTP 리퀘스트 전송과 HTTP 리스폰스 전송

실습코너

웹페이지의 소스를 확인한다

웹페이지의 소스를 표시해 HTML 태그를 확인해봅시다. 구글 크롬 브라우저로 임의의 웹페이지를 표시하고 우클릭합니다. 팝업메뉴에서 '페이지 소스 보기'를 선택하면, 웹페이지의 소스가 표시됩니다.

표시된 웹페이지의 소스에서 〈title〉 태그를 찾아봅시다. 〈title〉과 〈/title〉로 에워싼 부분이 웹페이지의 제목으로 탭에 표시된 것을 확인하세요.

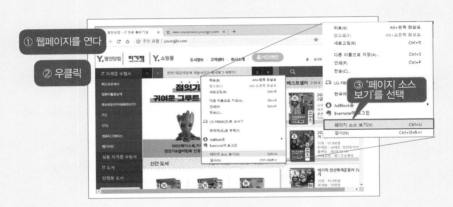

① 웹페이지를 연다
② 우클릭
③ '페이지 소스 보기'를 선택

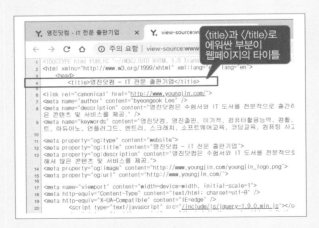

〈title〉과 〈/title〉로 에워싼 부분이 웹페이지의 타이틀

Ch >>> **5**

이더넷과 무선
LAN

우선 같은 네트워크 안에서 전송한다

같은 네트워크 내에서의 전송을 반복한다

서버는 멀리 떨어져 있지만...

주위에 있는 PC나 스마트폰 등은 서버의 애플리케이션과 서로 데이터를 주고받습니다. 서버는 대개 PC나 스마트폰과는 멀리 떨어진 다른 네트워크에 접속되어 있습니다. 기술적인 관점에서 생각하면, '네트워크'는 라우터 또는 레이어3 스위치로 구획되는 범위입니다. 네트워크의 기본적인 구성은 레이어2 스위치로 하나의 네트워크를 구성하고, 라우터 또는 레이어3 스위치로 각 네트워크를 서로 연결하는 것입니다.

같은 네트워크 내의 전송을 반복해 간다

다른 네트워크에 접속된 서버까지의 데이터 전송은 같은 네트워크 내의 전송을 반복해감으로써 실현합니다.

PC에서 서버로 가는 데이터는 우선 PC와 같은 네트워크 상에 있는 라우터로 전송합니다. 그리고, 라우터는 다시 같은 네트워크 상의 다음 라우터로 전송합니다. 그렇게 해서 데이터가 목적지 네트워크 상의 라우터까지 도달하면, 그 라우터가 서버로 데이터를 전송합니다(그림 5-1).

자주 이용하는 것은 이더넷과 무선 LAN(Wi-Fi)

이처럼 같은 네트워크 내에서 전송하는 프로토콜로 자주 이용하는 것이 이더넷과 무선 LAN(Wi-Fi)입니다. TCP/IP의 계층 구조에서 맨 아래인 네트워크 인터페이스층에 있는 프로토콜입니다(그림 5-2).

네트워크 인터페이스층의 프로토콜에는 여러 종류가 있지만, 이 장에서는 자주 이용하는 이더넷과 무선 LAN에 관해 설명합니다.

그림 5-1　같은 네트워크 내의 전송을 반복한다

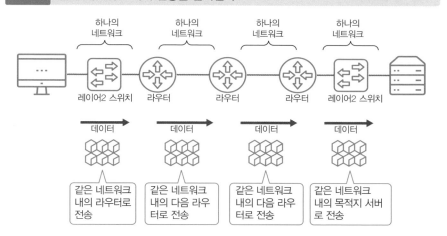

그림 5-2　이더넷, 무선 LAN이 속한 계층

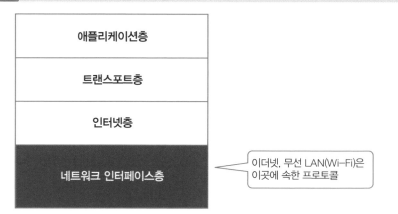

Point

✔ 다른 네트워크로의 통신은 같은 네트워크 내에서의 데이터 전송을 반복해 간다.

✔ 같은 네트워크 내의 전송을 위해 자주 이용하는 프로토콜
- 이더넷
- 무선 LAN(Wi-Fi)

5-2

이더넷의 개요

데이터를 전송하는 이더넷

데이터를 전송하는 것이 이더넷 \\\

이더넷은 TCP/IP 계층에서 맨 아래인 네트워크 인테페이스층의 프로토콜입니다. 이더넷은 데이터를 전송하는 프로토콜인데, 중요한 것은 '이더넷으로 어디에서 어디까지 데이터를 전송하는가?'입니다.

이더넷은 같은 네트워크 내의 어떤 이더넷 인터페이스에서부터 다른 이더넷 인터페이스까지 데이터를 전송합니다.

같은 레이어2 스위치에 연결된 PC는 같은 네트워크에 접속된 것입니다(VLAN의 기능을 이용하면, 같은 레이어2 스위치에 접속되어 있어도 다른 네트워크처럼 다룰 수도 있습니다).

같은 네트워크에 있는 PC의 이더넷 인터페이스에서 다른 PC의 이더넷 인터페이스로 데이터를 전송하는 것이 이더넷의 역할입니다(그림 5-3). 이때 레이어2 스위치의 이더넷 인터페이스를 특별히 의식할 일은 없습니다. 레이어2 스위치는 이더넷으로 전송하는 데이터에 전혀 변경을 가하지 않기 때문입니다. 레이어2 스위치의 동작 메커니즘은 [5-9] 이후에 다시 자세히 설명합니다.

유선 네트워크를 만든다 \\\

이러한 이더넷을 이용해 이른바 유선 네트워크를 만듭니다. PC와 서버, 레이어2 스위치 등 이더넷 인터페이스가 있는 기기끼리 연결해서, 이더넷 링크를 만들면 유선 네트워크가 됩니다.

그림 5-3   이더넷의 개요

동일 네트워크

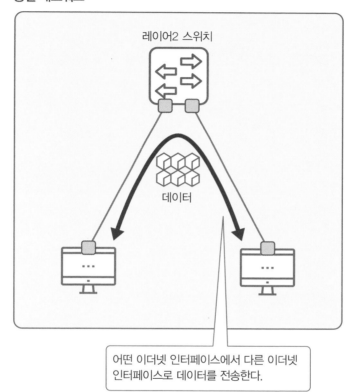

어떤 이더넷 인터페이스에서 다른 이더넷
인터페이스로 데이터를 전송한다.

☐ 인터페이스(이더넷)

Point

✔ 이더넷은 TCP/IP의 네트워크 인터페이스층에 있는 프로토콜

✔ 이더넷은 같은 네트워크 내의 이더넷 인터페이스 사이에서 데이터를 전송하기 위한 프로
토콜

이더넷의 규격

이더넷에는 다양한 규격이 있다 \\\

이더넷에는 10Mbps에서부터 100Gbps라는 매우 빠른 속도를 지원하는 다양한 규격이 있습니다(표 5-1). 규격은 **IEEE802 위원회**에서 결정됩니다. 이더넷의 다양한 규격은 주로 최대 전송 속도와 이용하는 매체(케이블)에 따라 나닙니다.

이더넷 규격의 명칭 \\\

이더넷 규격의 명칭에는 **IEEE802.3**으로 시작되는 이름과 **1000BASE-T**처럼 전송 속도(전송 속도란 물리적인 신호로 데이터를 변환하여 전달하는 최대 속도입니다)와 전송 매체의 특징을 조합한 이름이 있습니다. '1000BASE-T'와 같은 전송 속도와 전송 매체의 특징을 조합한 규격 명칭을 볼 기회가 많겠지요. 여기서는 이러한 규격 명칭이 붙는 규칙을 설명하겠습니다. 중요한 것은 전송 속도와 전송 매체입니다.

우선, 맨 앞의 숫자는 전송 속도를 나타냅니다. 기본적으로 Mbps 단위입니다. '1000'이라고 하면 1000Mbps, 다시 말해 1Gbps 전송 속도의 이더넷 규격입니다. 'BASE'는 베이스 밴드 방식이라는 의미입니다. 현재는 베이스 밴드 방식 이외는 이용하지 않습니다.

'-' 뒤는 전송 매체나 물리 신호 변환의 특징을 나타냅니다. 여러 사항이 표기되는 부분인데, 'T'가 있는 경우는 전송 매체로 UTP 케이블을 이용한다고 알아두면 됩니다. UTP 케이블은 흔히 말하는 LAN 케이블로 가장 자주 이용되는 전송 매체입니다(그림 5-4).

덧붙여, 초기 이더넷 규격은 BASE 뒤에 숫자가 기재됩니다. 숫자가 오는 경우는 전송 매체로 동축 케이블을 이용하고, 100m 단위 케이블의 최대 길이를 의미합니다.

표 5-1　주요 이더넷 규격

규격 이름		전송 속도	전송 매체
IEEE802.3	10BASE5	10Mbps	동축 케이블
IEEE802.3a	10BASE2		동축 케이블
IEEE802.3i	10BASE-T		UTP 케이블(카테고리3 이상)
IEEE802.3u	100BASE-TX	100Mbps	UTP 케이블(카테고리5 이상)
	100BASE-FX		광섬유 케이블
IEEE802.3z	1000BASE-SX	1000Mbps	광섬유 케이블
	1000BASE-LX		광섬유 케이블
IEEE802.3ab	1000BASE-T		UTP 케이블(카테고리5e 이상)
IEEE802.3ae	10GBASE-LX4	10Gbps	광섬유 케이블
IEEE802.3an	10GBASE-T		UTP 케이블(카테고리6A 이상)

Chapter 5

그림 5-4　이더넷 규격 명칭의 규칙

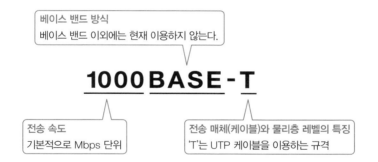

베이스 밴드 방식
베이스 밴드 이외에는 현재 이용하지 않는다.

1000BASE-T

전송 속도
기본적으로 Mbps 단위

전송 매체(케이블)와 물리층 레벨의 특징
'T'는 UTP 케이블을 이용하는 규격

Point

✔ 이더넷에는 다양한 규격이 있다.

✔ 이더넷의 규격은 전송 속도와 전송 매체 특징을 나타내는 1000BASE-T와 같은 규격 이름이 정해져 있다.

인터페이스는 어느 것?

인터페이스를 특정한다 //

이더넷은 이더넷 인터페이스 간에 데이터를 전송하므로, 데이터를 전송하려면 이더넷 인터페이스를 특정해야만 합니다. 이더넷 인터페이스를 특정하기 위해서 **MAC 주소**가 있습니다.

MAC 주소란? //

MAC 주소란 이더넷 인터페이스를 특정하기 위한 48비트 주소입니다. MAC 주소의 48비트 중 선두 24비트는 OUI, 그 뒤 24비트는 시리얼 넘버로 구성됩니다. OUI는 이더넷 인터페이스를 제조하는 벤더(메이커) 식별 코드입니다(OUI는 다음 URL에 정리되어 있습니다. http://standards.ieee.org/develop/regauth/oui/oui.txt).

시리얼 넘버는 각 벤더가 할당합니다. MAC 주소는 이더넷 인터페이스에 미리 할당되어 있어, 기본적으로 변경할 수 없는 주소이므로 '물리 주소'나 '하드웨어 주소'라고 부르는 경우도 있습니다.

MAC 주소의 표기 //

MAC 주소는 16진수로 표기합니다. 16진수이므로 0~9 및 A~F의 조합으로 나타냅니다. 표기 패턴은 다음과 같이 다양하므로 틀리지 않도록 주의하세요(그림 5-5).

- ◆ 1바이트씩 16진수로 변환하고 '-'로 구분한다.
- ◆ 1바이트씩 16진수로 변환하고 ':'로 구분한다.
- ◆ 2바이트씩 16진수로 변환하고 '.'으로 구분한다.

그림 5-5   MAC 주소

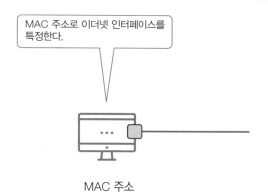

MAC 주소로 이더넷 인터페이스를
특정한다.

MAC 주소

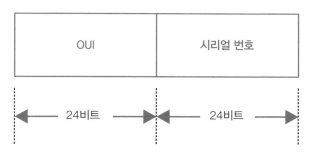

OUI	시리얼 번호

◀── 24비트 ──▶◀── 24비트 ──▶

맥 주소의 표기

00–00–01–02–03–04 (1바이트씩 '–'로 구분한다)
00:00:01:02:03:04 (1바이트씩 ':'로 구분한다)
0000.0102.0304 (2바이트씩 '.'으로 구분한다)

Point

✔ MAC 주소로 이더넷 인터페이스를 특정한다.
✔ MAC 주소는 전반 24비트의 OUI와 후반 24비트의 시리얼 넘버로 모두 48비트다.
✔ MAC 주소는 16진수로 표기한다.

일반적으로 사용되는 인터페이스와 케이블은?

자주 사용하는 이더넷 규격

이더넷에는 다양한 규격이 있고, 규격마다 사용할 수 있는 인터페이스와 케이블이 다릅니다. 다양한 이더넷 규격 중에서 가장 널리 이용되는 규격으로는 [표 5-2] 가운데서도 '10BASE-T' '100BASE-T' '1000BASE-T' '10GBASE-T'를 들 수 있습니다.

이 규격들은 모두 **RJ-45 이더넷 인터페이스**와 **UTP 케이블**을 채용하고 있습니다.

UTP 케이블

UTP 케이블은 이더넷의 전송 매체로서 현재 널리 일반적으로 이용되고 있습니다. 흔히 말하는 LAN 케이블이 UTP 케이블입니다.

UTP 케이블은 8줄의 절연체로 감싼 구리선을 2줄씩 꼬아서 4쌍으로 만든 케이블입니다. 선을 꼬아서 노이즈의 영향을 억제했습니다. UTP 케이블은 케이블의 품질에 따라 카테고리가 나뉩니다. 카테고리에 따라서 지원할 수 있는 주파수가 달라지고, 각각 용도나 전송 속도가 정해집니다.

RJ-45 이더넷 인터페이스

RJ-45는 UTP 케이블용 이더넷 인터페이스로서 현재 매우 폭넓게 이용되고 있습니다. UTP 케이블에 맞춰 8개의 단자가 있고, 전기신호(전류)가 흐르는 회로를 최대 4쌍 형성할 수 있습니다(사진 5-1).

표 5-2 UTP 케이블의 카테고리

카테고리	최대 주파수	주요 용도	
카테고리1	–	음성 통신	
카테고리2	1MHz	저속 데이터 통신	
카테고리3	16MHz	10BASE-T 100BASE-T2/T4	토큰링(4Mbps)
카테고리4	20MHz	카테고리3까지의 용도 토큰링(16Mbps)	ATM(25Mbps)
카테고리5	100MHz	카테고리4까지의 용도 100BASE-TX	ATM(156Mbps) CDDI
카테고리5e	100MHz	카테고리5까지의 용도 1000BASE-T	
카테고리6	250MHz	카테고리5e까지의 용도 ATM(622Mbps)	ATM(1.2Gbps)
카테고리6A	500MHz	10GBASE-T	

Chapter
5

사진 5-1 RJ-45 인터페이스와 UTP 케이블

RJ-45 인터페이스

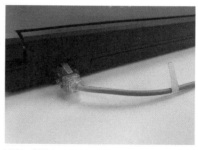

UTP 케이블

Point

✔ 널리 이용되는 이더넷 규격은 RJ-45 인터페이스와 UTP 케이블입니다.

✔ UTP 케이블은 품질에 따라 카테고리가 나뉩니다.

데이터 형식

이더넷의 '데이터' //

이더넷으로 데이터를 전송하기 위해서는 전송할 데이터에 **이더넷 헤더**를 붙여야 합니다. 이때 이더넷 헤더뿐만 아니라, **FCS**도 붙게 됩니다. FCS는 에러 체크를 위한 것입니다. 이더넷 헤더와 데이터, 그리고 FCS를 합한 전체를 **이더넷 프레임**이라고 부릅니다(그림 5-6).

중요한 것은 MAC 주소 //

이더넷 헤더 안에는 세 가지 정보가 있습니다(표 5-3).

- ◆ 목적지 MAC 주소
- ◆ 출발지 MAC 주소
- ◆ 타입 코드

이 중에서 중요한 것은 출발지와 도착지의 MAC 주소입니다. 이더넷으로 이더넷 인터페이스 사이에서 데이터를 전송하는 상황을 떠올려 봅시다. 어느 인터페이스에서 어느 인터페이스로 전송하는 데이터인지 MAC 주소로 지정합니다. 타입 코드는 이더넷으로 운반할 대상의 데이터입니다. 타입 코드에 사용하는 수치는 정해져 있습니다. 현재는 TCP/IP를 이용하므로 타입 코드로 IPv4를 나타내는 0x0800이 지정되는 경우가 많습니다.

전송 대상이 되는 데이터는 64바이트에서 1500바이트 사이로 정해져 있습니다. 데이터 크기의 최댓값을 **MTU**(Maximum Transmission Unit)라고 부릅니다. MTU를 넘는 크기의 데이터는 복수로 분할해서 전송하게 됩니다. 이러한 데이터 전송은 대체로 TCP로 이루어집니다.

이더넷 헤더와 데이터 부분 및 FCS를 모두 포함한 이더넷 프레임은 64~1518바이트 범위의 크기입니다.

그림 5-6 이더넷 프레임

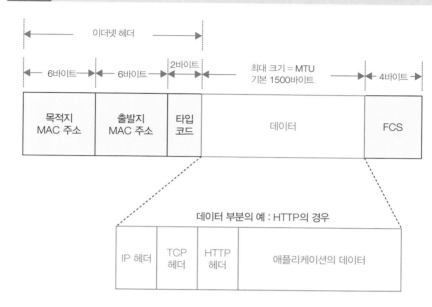

표 5-3 이더넷 헤더의 주요 타입 코드값

타입 코드	프로토콜
0x0800	IPv4
0x0806	ARP
0x86DD	IPv6

Point

✔ 이더넷으로 전송하고 싶은 데이터에 이더넷 헤더와 FCS를 추가해 이더넷 프레임을 만든다.

✔ 이더넷 헤더 안에 MAC 주소를 지정해서. 어느 인터페이스에서 어느 인터페이스로 전송하는 데이터인지 나타낸다.

어떻게 접속하는가?

접속 형태는 주로 세 가지 \\\

네트워크에 관한 설명 등을 읽어 보면, 종종 '토폴로지'라는 용어가 등장합니다. **토폴로지**(topology)는 원래 수학에서 위상기하학이라는 분야를 의미하는 용어입니다. 도형의 연결 방식이나 위치 관계에 초점을 둔 학문 분야입니다. 그래서 네트워크에서 기기를 연결하는 형태를 나타내는 말로도 이용되게 됐습니다. 네트워크의 토폴로지, 즉 기기끼리 연결하는 형태는 주로 세 가지가 있습니다(그림 5-7).

- ◆ 버스형
- ◆ 스타형
- ◆ 링형

초기 이더넷은 버스형 \\\

동축 케이블을 전송 매체로 하는 10BASE5나 10BASE2는 버스형 토폴로지입니다. 버스형 토폴로지는 하나의 전송 매체에 각 기기가 매달린 듯한 연결 형태입니다. 바꿔말하면, 버스형 토폴로지는 하나의 전송 매체를 복수의 기기가 공유합니다. 따라서, 전송 매체를 어떻게 공유할 것인지 제어해야 합니다. 이더넷은 이 제어를 위해 CSMA/CD라는 방식을 이용합니다(그림 5-8).

현재는 버스형 토폴로지에서 레이어2 스위치를 중심으로 하는 스타형 토폴로지로 옮겨가고 있습니다. 단, 실제로 버스형은 아니지만, 네트워크를 설명할 때 이더넷을 버스형 토폴로지로 표현하는 경우도 자주 있습니다.

그림 5-7 | 주요 토폴로지

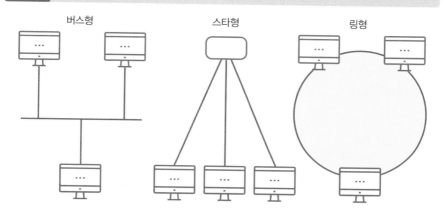

버스형   스타형   링형

그림 5-8 | 전송 매체를 공유

초기 이더넷(10BASE5/10BASE2)의 토폴로지

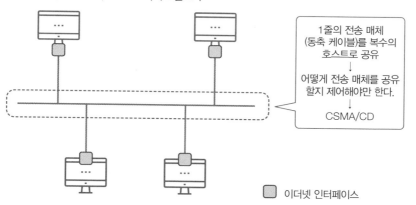

1줄의 전송 매체
(동축 케이블)를 복수의
호스트로 공유
↓
어떻게 전송 매체를 공유
할지 제어해야만 한다.
↓
CSMA/CD

▢ 이더넷 인터페이스

Point

✔ 네트워크의 연결 형태를 토포롤지라고 부른다.

✔ 초기 이더넷은 버스형 토폴로지를 채용했고 전송 매체를 공유했다.

데이터 전송 타이밍 제어

한 대만 데이터를 전송할 수 있다 ///

전송 매체(동축 케이블)를 공유하는 초기의 버스형 토폴로지로 된 이더넷에서는 복수의 기기가 동시에 데이터를 전송할 수 없습니다. 어떤 순간에 데이터를 전송할 수 있는 것은 단 한 대뿐입니다. 데이터는 동축 케이블 위를 전기 신호(전류)로서 흘러가지만, 전기 신호가 흐르는 회로는 하나뿐이기 때문입니다.

빠른 쪽이 이기는 제어 ///

이더넷에서 전송 매체를 어떻게 이용할지 제어해 전송 매체를 공유하는 메커니즘이 **CSMA/CD**(Carrier Sense Multiple Access with Collision Detector)입니다(그림 5-9). 간단히 말하면 '먼저 가는 쪽이 승리'하는 방식입니다.

CSMA/CD의 'CS'는 케이블이 현재 사용 중인지 감지하는 것을 가리킵니다. 케이블이 사용 중이면 대기합니다. 케이블이 비어 있으면 데이터를 전송할 수 있습니다. 단, 동시에 복수의 호스트가 케이블이 비었다고 판단해 버리면, 여러 곳에서 데이터를 전송할 것입니다. 그렇게 되면, 전기 신호가 충돌하게 되고 그 결과로 데이터는 파괴되어 버립니다. 전압의 변화로 전기 신호가 충돌했는지 알 수 있습니다(그림 5-10).

만약 충돌이 발생하면, 데이터를 다시 전송합니다. 또 같은 타이밍에 데이터를 전송하면, 다시 충돌을 일으키므로 랜덤한 시간 동안 대기하여 타이밍을 어긋나게 합니다.

이처럼 회선을 사용하지 않을 때 데이터를 전송합니다. 만약, 충돌하면 다시 전송함으로써 하나의 전송 매체를 복수의 호스트에서 공유, 다시 말해 돌려쓸 수 있게 됩니다.

단, 현재 이더넷에서는 CSMA/CD가 필요 없습니다. 현재의 이더넷은 전송 매체를 공유하는 것이 아니기 때문입니다.

그림 5-9 　CSMA/CD의 흐름

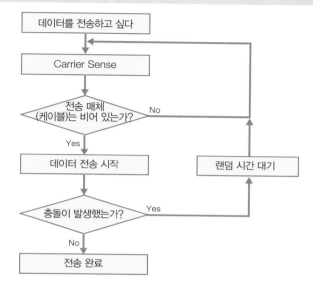

그림 5-10 　충돌 발생

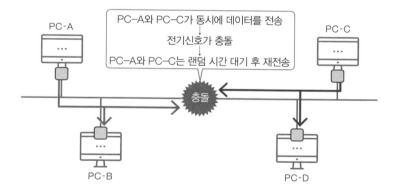

Point

✔ CSMA/CD는 빠른 쪽이 이기는 제어 방식으로 케이블이 비어 있으면 데이터를 보낼 수 있다.

✔ 현재 이더넷에서는 CSMA/CD가 따로 필요 없어졌다.

이더넷 네트워크를 만든다

레이어2 스위치의 역할 //

레이어2 스위치는 이더넷을 이용한 네트워크 '하나'를 구성하는 네트워크 기기입니다. 레이어2 스위치를 여러 대 연결해도 하나의 네트워크입니다.

단, VLAN을 이용하면 레이어2 스위치로 복수의 네트워크를 만들 수도 있습니다. VLAN에 관해서는 6장에서 설명합니다.

레이어2 스위치는 레이어2 스위치로 구성된 한 이더넷 네트워크 안에서 데이터를 전송합니다. 레이어2 스위치에서의 데이터는 이더넷 프레임입니다. 레이어2 스위치는 수신한 이더넷 프레임을 전혀 변경하지 않고 전송합니다. 이더넷 프레임을 전송하기 위해, 이더넷 헤더의 MAC 주소를 확인할 뿐입니다. [5-10] 이후 부터 레이어2 스위치의 동작 원리를 설명합니다(그림 5-11).

네트워크의 입구가 되기도 하는 레이어2 스위치 ////////////////////

또한, 레이어2 스위치는 '네트워크의 입구' 역할도 합니다. 레이어2 스위치에는 많은 이더넷 인터페이스가 있습니다. 클라이언트 PC나 서버 등을 네트워크에 접속하려면 우선 레이어2 스위치와 접속해야 합니다. 네트워크의 입구가 된다는 의미에서, 레이어2 스위치를 '액세스 스위치'라고 표현하기도 합니다. 레이어2 스위치는 일반 가정용 제품의 경우, '스위칭 허브'라고 부르는 경우도 많습니다(단순히 '허브'라고 부르기도 합니다. 단, 개인적으로는 '허브'라는 호칭은 사용해선 안 된다고 생각합니다. '허브'라고 하면, OSI 참조 모델의 물리층 레벨의 '공유(셰어드) 허브'와 혼동하기 쉽기 때문입니다).

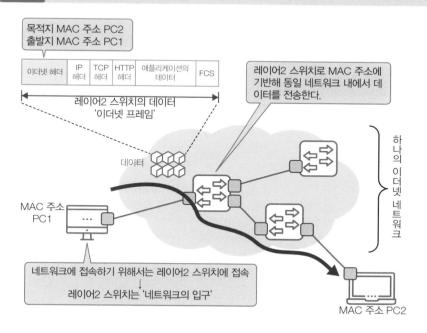

그림 5-11 레이어2 스위치의 개요

목적지 MAC 주소 PC2
출발지 MAC 주소 PC1

| 이더넷 헤더 | IP 헤더 | TCP 헤더 | HTTP 헤더 | 애플리케이션의 데이터 | FCS |

레이어2 스위치의 데이터
'이더넷 프레임'

레이어2 스위치로 MAC 주소에 기반해 동일 네트워크 내에서 데이터를 전송한다.

데이터

하나의 이더넷 네트워크

MAC 주소 PC1

네트워크에 접속하기 위해서는 레이어2 스위치에 접속
↓
레이어2 스위치는 '네트워크의 입구'

MAC 주소 PC2

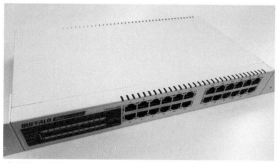

레이어2 스위치

Point

✔ 레이어2 스위치는 이더넷을 이용한 하나의 네트워크를 구성한다.

✔ 레이어2 스위치는 네트워크의 입구 역할도 한다.

레이어2 스위치의 동작 ①

레이어2 스위치 데이터 전송의 개요

레이어2 스위치의 동작은 매우 단순합니다. 레이어2 스위치의 데이터 전송 동작의
흐름은 다음과 같습니다(그림 5-12).

❶ 수신한 이더넷 프레임의 출발지 MAC 주소를 **MAC 주소 테이블**에 등록한다.

❷ 목적지 MAC 주소와 MAC 주소 테이블에서 전송할 포트를 결정해, 이더넷 프레임을 전송
한다. MAC 주소 테이블에 존재하지 않는 MAC 주소의 경우는 수신 포트를 제외한 모든
포트로 이더넷 프레임을 전송한다(플러딩).

레이어2 스위치가 이렇게 데이터를 전송하기 위해, 특별한 설정은 필요 없습니다. 전
원이 들어와 있고 PC 등이 연결되어 있으면 OK입니다.

호스트A에서 호스트D로 이더넷 프레임을 전송하는 SW1의 동작

레이어2 스위치의 동작으로서 [그림 5-13]의 네트워크 구성에서 호스트A에서 호스
트D로 이더넷 프레임을 전송하는 경우를 생각해 봅시다. 호스트A는 '목적지 MAC
주소: D'와 '출발지 MAC 주소 : A'를 지정해 이더넷 프레임을 전송합니다(그림
5-13-❶).

SW1은 포트1에서 이더넷 프레임을 수신합니다. 흘러오는 전기신호를 '0'과 '1'의 비
트로 변환하여, 이더넷 프레임으로서 인식하게 됩니다. 그리고 수신한 이더넷 프레
임의 이더넷 헤더에 있는 출발지 MAC 주소 A를 MAC 주소 테이블에 등록합니다.
이로써 SW1은 포트1의 끝에 A라는 MAC 주소가 접속되어 있음을 인식합니다(그림
5-13-❷).

그림 5-12 레이어2 스위치 동작의 흐름

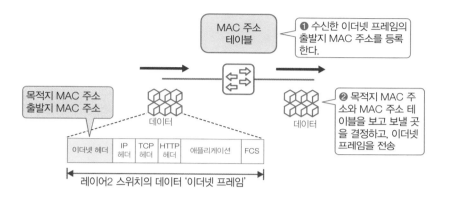

레이어2 스위치의 데이터 '이더넷 프레임'

Chapter 5

그림 5-13 SW1에서 이더넷 프레임을 수신

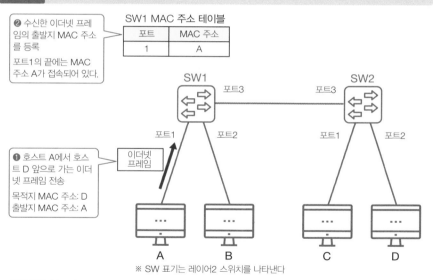

※ SW 표기는 레이어2 스위치를 나타낸다

Point

✔ 레이어2 스위치는 설정 없이 동작한다.
✔ 레이어2 스위치는 수신한 이더넷 프레임의 출발지 MAC 주소를 MAC 주소 테이블에 등록한다.

레이어2 스위치의 동작 ②

호스트 A에서 호스트 D로 이더넷 프레임 전송 SW1의 동작

전항에 이어서 [그림 5-14]를 봐주세요. SW1는 목적지 MAC 주소 D를 보고, MAC 주소 테이블을 참조해서 전송해야 할 포트를 판단합니다.

MAC 주소 D는 MAC 주소 테이블에 등록되어 있지 않습니다. MAC 주소 테이블에 등록되지 않은 MAC 주소가 목적지로 되어 있는 이더넷 프레임을 **Unknown 유니캐스트 프레임**이라고 부릅니다.

잘 모르겠으면 일단 전송한다

Unknown 유니캐스트 프레임은 수신한 포트를 제외한 모든 포트에 전송합니다. 이 동작을 **플러딩**이라고 합니다(그림 5-14-③).

레이어2 스위치의 이더넷 프레임 전송은 '모르면 일단 전송해 둔다'라는 식으로 조금 무책임하게 동작합니다. 레이어2 스위치의 전송 범위는 같은 네트워크 안뿐입니다. 어디로 보낼지 모를 때 일단 전송해버려도, 그렇게 커다란 악영향을 미치지는 않습니다. 이런 점은 6장에서 자세히 설명할 라우터의 동작과 크게 다릅니다. 라우터의 경우는 목적지를 모르면 데이터를 파기합니다.

포트1에서 수신했으므로, 포트2와 포트3으로 수신한 이더넷 프레임을 전송합니다. 수신한 이더넷 프레임은 하나뿐이지만, SW1이 플러딩하기 위해 복제합니다. 단순히 복제하는 것뿐이므로, 수신한 이더넷 프레임은 전혀 변경되지 않습니다.

포트2로부터 전송된 이더넷 프레임은 데이터의 목적지가 아닌 호스트B에 도달합니다. 호스트 B는 목적지 MAC 주소가 자신의 MAC 주소가 아니므로, 이더넷 프레임을 수신하지 않고 파기합니다. 그리고 포트3에서 전송된 이더넷 프레임은 SW2에서 처리됩니다.

그림 5-14 SW1에서 이더넷 프레임을 전송

SW1 MAC 주소 테이블

포트	MAC 주소
1	A

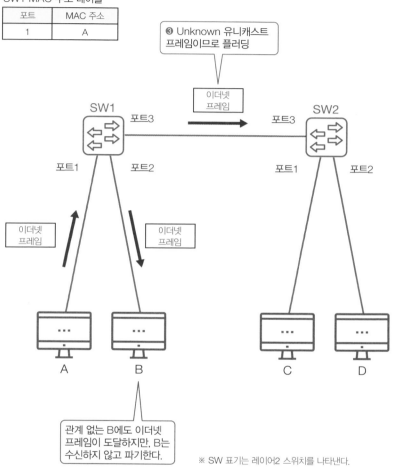

❸ Unknown 유니캐스트 프레임이므로 플러딩

관계 없는 B에도 이더넷 프레임이 도달하지만, B는 수신하지 않고 파기한다.

※ SW 표기는 레이어2 스위치를 나타낸다.

Point

✔ 목적지 MAC 주소와 MAC 주소 테이블을 참조해 전송할 곳을 판단한다.

✔ 목적지 MAC 주소가 MAC 주소 테이블에 등록되지 않은 Unknown 유니캐스트 프레임은 플러딩된다.

레이어2 스위치의 동작 ③

레이어2 스위치마다 반복한다

SW1에서 플러딩된 호스트A에서 호스트D로 가는 이더넷 프레임을 SW2의 포트3에서 수신합니다. 처리하는 동작은 SW1과 같습니다. 우선, 수신한 이더넷 프레임의 출발지 MAC 주소 A를 SW2의 MAC 주소 테이블에 등록합니다(그림 5-15-①).

목적지 MAC 주소 D는 아직 MAC 주소 테이블에 등록되지 않았습니다. 그래서 이번에도 플러딩됩니다. 수신한 포트3을 제외한 포트1과 포트2로 이더넷 프레임이 전송됩니다(그림 5-15-②).

호스트C는 목적지 MAC 주소를 보고 자기 앞으로 온 것이 아니므로, 이더넷 프레임을 파기합니다. 호스트D는 목적지 MAC 주소가 자기 앞으로 온 것이므로, 이더넷 프레임을 수신해 IP 등의 상위 프로토콜에서의 처리를 수행해 갑니다.

MAC 주소를 계속 등록하면서 전송해 간다

지금까지 설명한 것처럼, 레이어2 스위치는 MAC 주소를 MAC 주소 테이블에 계속 등록하면서 이더넷 프레임을 전송해 갑니다.

통신은 원칙적으로 양방향이다

통신은 원칙적으로 양방향이라는 사실을 다시 떠올려 봅시다.

지금까지의 예에서 생각한 호스트A에서 호스트D로 뭔가 데이터를 보내면, 그 응답이 되는 데이터가 호스트D에서 호스트A로 보내지게 됩니다. 응답이 돌아오는 과정은 다음 항에서 자세히 살펴봅시다.

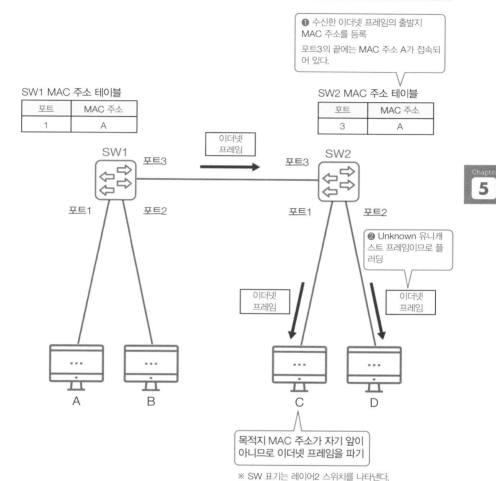

그림 5-15 SW2에서의 동작

❶ 수신한 이더넷 프레임의 출발지 MAC 주소를 등록

포트3의 끝에는 MAC 주소 A가 접속되어 있다.

SW1 MAC 주소 테이블

포트	MAC 주소
1	A

SW2 MAC 주소 테이블

포트	MAC 주소
3	A

이더넷 프레임

SW1   포트3   포트3   SW2

포트1   포트2   포트1   포트2

❷ Unknown 유니캐스트 프레임이므로 플러딩

이더넷 프레임   이더넷 프레임

A   B   C   D

목적지 MAC 주소가 자기 앞이 아니므로 이더넷 프레임을 파기

※ SW 표기는 레이어2 스위치를 나타낸다.

Point

✔ 복수의 레이어2 스위치가 있어도, 각각의 레이어2 스위치는 같은 방식으로 동작한다.

✔ 레이어2 스위치는 수신한 이더넷 프레임의 출발지를 계속 기억하면서, 같은 네트워크 내의 이더넷 인터페이스로 전송한다.

레이어2 스위치의 동작 ④

응답도 마찬가지로 전송한다

호스트A에서 호스트D로 이더넷 프레임을 전송하면, 호스트D에서 호스트A로 응답이 돌아갑니다. 이번에는 호스트D에서 호스트A로 가는 이더넷 프레임 전송을 생각해 봅시다.

호스트D에서 호스트A 앞으로 이더넷 프레임을 전송하면, SW2의 포트2에서 수신합니다(그림 5-16-①). 지금까지 설명한 동작과 마찬가지로 우선 출발지 MAC 주소를 MAC 주소 테이블에 등록합니다. SW2의 MAC 주소 테이블에 새로 MAC 주소 D가 등록되게 됩니다. SW2는 포트2의 끝에 MAC 주소 D가 접속되어 있다고 인식합니다(그림 5-16-②). 그리고, 목적지 MAC 주소 A와 MAC 주소 테이블을 참조합니다. MAC 주소 테이블에서 MAC 주소 A는 포트3 끝에 접속되어 있는 것을 알고 있으므로, 포트3으로 이더넷 프레임을 전송합니다(그림 5-16-③).

호스트D에서 호스트A로 이더넷 프레임 전송 SW1의 동작

SW1이 호스트D에서 호스트A로 가는 이더넷 프레임을 수신하면, 역시 이후의 동작은 똑같습니다. 우선, 출발지 MAC 주소를 MAC 주소 테이블에 등록합니다. SW1은 MAC 주소 D는 포트3 끝에 접속되어 있다고 인식하게 됩니다(그림 5-17-①).

그리고, 목적지 MAC 주소 A는 MAC 주소 테이블에서 포트1의 끝에 접속되어 있다고 알고 있으므로, 포트1로 전송합니다(그림 5-17-②).

호스트 A는 SW1에서 전송된 이더넷 프레임을 수신해 상위 프로토콜 처리를 합니다.

그림 5-16   SW2의 동작

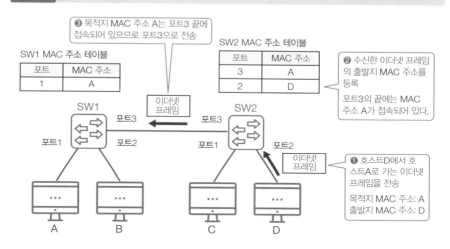

그림 5-17   SW1의 동작

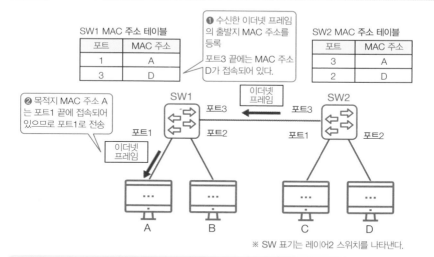

※ SW 표기는 레이어2 스위치를 나타낸다.

Point

✔ 통신은 양방향이다.

✔ 반환되는 이더넷 프레임은 원래 프레임의 목적지와 출발지 MAC 주소가 교체된 주소가 된다.

MAC 주소 테이블 관리

하나의 포트에 꼭 하나의 MAC 주소인 것은 아니다 \\\\\\\\\\\\\\\\\\\\\\\\\\\\\\\\\\\\

오해하기 쉽지만, 하나의 포트에 반드시 하나의 MAC 주소만 등록된다고는 할 수 없습니다. 이 점에 주의하세요. 스위치의 MAC 주소 테이블에 등록되는 것은 그 스위치 자체에 접속된 기기의 MAC 주소뿐만이 아닙니다. 여러 대의 스위치를 연결한 때에는 하나의 포트에 복수의 MAC 주소가 등록되게 됩니다.

예를 들어, 전항까지 가정한 네트워크 구성에서 SW1과 SW2는 포트3끼리 접속하고 있습니다. SW1의 MAC 주소 테이블의 포트3에는 SW2 아래의 MAC 주소가 등록됩니다. SW2의 MAC 주소 테이블도 마찬가지입니다(그림 5-18).

제한 시간이 있다 \\\

MAC 주소 테이블에 등록되는 MAC 주소 정보는 접속 포트가 바뀌거나 하는 경우도 있으므로, 영구적인 것은 아닙니다. MAC 주소 테이블에 등록하는 MAC 주소 정보에는 제한 시간이 설정되어 있습니다. 제한 시간 값은 스위치 기기에 따라 달라지지만, 대략 5분 정도입니다. 등록된 MAC 주소가 출발지로 되어 있는 데이터(이더넷 프레임)를 수신하면, 제한 시간이 재설정됩니다. 사용자가 특별히 아무 조작도 하지 않아도 PC는 뭔가 데이터를 전송하고 있습니다. 그러므로 PC가 실행되는 동안은 MAC 주소 테이블에 PC의 MAC 주소가 등록되어 있는 경우가 대부분입니다.

또한, 유선(이더넷)으로 데이터를 전송할 때는 레이어2 스위치의 MAC 주소 테이블이 완성되길 기다릴 필요가 없습니다. MAC 주소 테이블이 완성되지 않으면 여분의 데이터 전송을 해야 하지만, 데이터 자체는 제대로 도착합니다.

그림5-18 최종 MAC 주소 테이블

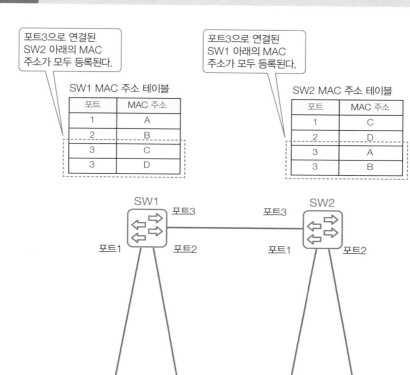

포트3으로 연결된
SW2 아래의 MAC
주소가 모두 등록된다.

SW1 MAC 주소 테이블

포트	MAC 주소
1	A
2	B
3	C
3	D

포트3으로 연결된
SW1 아래의 MAC
주소가 모두 등록된다.

SW2 MAC 주소 테이블

포트	MAC 주소
1	C
2	D
3	A
3	B

SW1 포트3   포트3 SW2

포트1   포트2   포트1   포트2

A   B   C   D

※ SW 표기는 레이어2 스위치를 나타낸다.

Point

✔ MAC 주소 테이블의 한 포트에 복수의 MAC 주소가 등록되는 경우도 있다.

✔ MAC 주소 테이블에 등록된 MAC 주소 정보에는 제한 시간이 있다.

데이터 전송과 동시에 수신한다

데이터 송수신을 한 번에

레이어2 스위치를 기반으로 만든 이더넷 네트워크에서는 데이터 송수신을 동시에 할 수 있습니다. 데이터 송신과 수신을 동시에 하는 것을 **전이중 통신**이라고 부릅니다. 전이중 통신에 대비해 **반이중 통신**이 있습니다. 반이중 통신은 송신과 수신을 동시에는 할 수 없어, 서로 전환하면서 처리합니다. 전송 매체를 공유하는 버스형 토폴로지인 초기 이더넷은 반이중 통신입니다. 초기 이더넷은 특정 시간에는 한 대만 데이터를 전송할 수 있고, 나머지는 수신만 할 수 있습니다.

현재 이더넷에서의 전이중 통신 방식

전이중 통신을 실현하기 위한 가장 단순한 방식은 데이터 수신용과 송신용으로 전송 매체를 나누어 사용하는 것입니다. 현재의 레이어2 스위치를 이용한 이더넷은 데이터 수신용과 송신용을 나눔으로써 전이중 통신을 할 수 있게 했습니다(1Gbps 이더넷 규격에서는 전이중 통신 방식이 다릅니다).

레이어2 스위치와 PC의 이더넷 인터페이스(포트)를 **UTP 케이블**로 연결합니다. UTP 케이블은 겉에서 보기엔 한 줄이지만, 실질적으로는 4줄입니다. UTP 케이블은 8줄의 구리선을 꼬아서 만드는데, 두 줄을 한 조로 하므로 합계 4조의 전기 신호를 흘려보낼 수 있기 때문입니다.

이더넷의 규격 중, UTP 케이블을 이용하는 10Mbps 및 100Mbps의 10BASE-T, 100BASE-TX는 4조의 UTP 케이블 배선 중 1조를 송신용, 1조를 수신용으로 해서 전기 신호를 흘려보내고 있습니다. 다시 말해, 송신용과 수신용으로 회선을 나누어 사용합니다. 100BASE-TX로 전이중 통신을 하면, 송신 시 100Mbps, 수신 시 100Mbps의 데이터 통신이 가능합니다(그림 5-19).

그림 5-19 10BASE-T/100BASE-TX의 전이중 통신

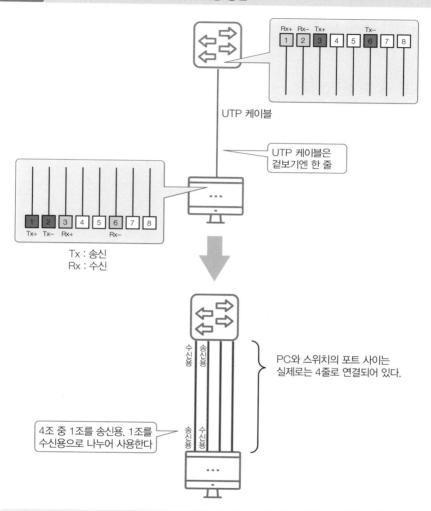

Tx : 송신
Rx : 수신

UTP 케이블

UTP 케이블은
겉보기엔 한 줄

PC와 스위치의 포트 사이는
실제로는 4줄로 연결되어 있다.

4조 중 1조를 송신용, 1조를
수신용으로 나누어 사용한다

Point

✔ 송신과 수신을 동시에 하는 것을 전이중 통신이라고 부른다.

✔ 초기 이더넷은 송신과 수신을 전환하면서 처리하는 반이중 통신.

✔ 현재 이더넷에서는 전이중 통신을 할 수 있다.

케이블 없이 간편하게 네트워크를 만든다

케이블 배선은 성가신 작업

이더넷은 유선 네트워크입니다. 초기 이더넷에서 이용한 동축 케이블과 비교해 보면, 현재 일반적으로 이용하는 UTP 케이블은 훨씬 다루기 쉬워졌습니다. 하지만, 케이블 배선은 성가신 작업입니다. 케이블 없이 간편하게 네트워크를 만들기 위해서 **무선 LAN**이 개발됐습니다.

무선 LAN의 개요

무선 LAN이란 케이블 없이도 간편하게 LAN을 구축할 수 있는 LAN 기술입니다. 2000년 무렵부터 저렴한 가격의 제품이 등장하면서, 무선 LAN이 점차 보급되기 시작됐습니다.

무선 LAN 네트워크를 만들기 위해서는, **무선 LAN 액세스 포인트**와 **무선 LAN 인터페이스**가 필요합니다.

무선 LAN 인터페이스는 노트북 컴퓨터나 스마트폰/태블릿에 미리 내장되어 있는 경우가 대부분입니다. 데스크톱 PC에는 원래 무선 LAN 인터페이스를 갖추고 있지 않더라도 나중에 장착할 수 있습니다. 무선 LAN 인터페이스로 무선 LAN에 연결된 기기를 가리켜 **무선 LAN 클라이언트**라고도 자주 표현합니다.

무선 LAN의 데이터 통신은 무선 LAN 액세스 포인트를 경유합니다. 무선 LAN 액세스 포인트를 경유해 데이터를 주고 받는 것을 **인프라스트럭처 모드**라고 부릅니다(무선 LAN 인터페이스끼리 직접 데이터를 주고받는 애드혹 모드도 있습니다).

무선 LAN 클라이언트의 애플리케이션에서 요청을 보낼 목적지 서버는 거의 유선 이더넷을 이용합니다. 결국 무선 LAN만으로는 통신이 완결되지 않는 경우가 보통이므로, 무선 LAN 액세스 포인트는 레이어2 스위치와 접속해 유선 이더넷 네트워크와도 연결됩니다(그림 5-20).

그림 5-20 무선 LAN의 개요

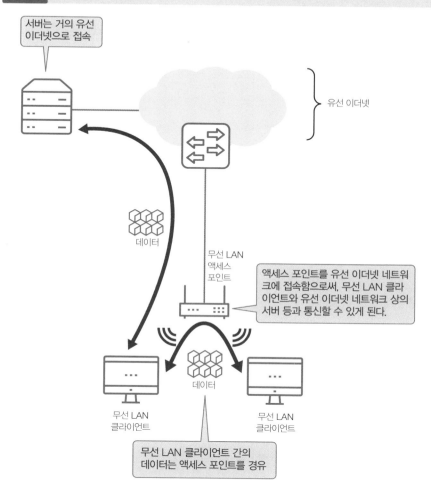

서버는 거의 유선 이더넷으로 접속

유선 이더넷

데이터

무선 LAN
액세스
포인트

액세스 포인트를 유선 이더넷 네트워크에 접속함으로써, 무선 LAN 클라이언트와 유선 이더넷 네트워크 상의 서버 등과 통신할 수 있게 된다.

데이터

무선 LAN
클라이언트

무선 LAN
클라이언트

무선 LAN 클라이언트 간의 데이터는 액세스 포인트를 경유

Point

✔ 무선 LAN에서는 케이블 배선 없이 간편하게 네트워크를 만들 수 있다.

✔ 무선 LAN 액세스 포인트와 무선 LAN 클라이언트로 무선 LAN 네트워크를 구성한다.

✔ 무선 LAN 액세스 포인트는 유선 이더넷에도 접속한다.

무선 LAN에도 규격이 많다

유선 이더넷에는 이용하는 전송 매체와 속도에 따른 많은 규격이 있습니다. 무선 LAN도 마찬가지로 몇 가지 규격이 있습니다. 2018년 현재 자주 이용되는 무선 LAN 규격을 표로 정리했습니다(그림 5-4).

무선 LAN 규격의 커다란 차이는 이용하는 전파의 주파수 대역입니다. 크게 2.4GHz 대역과 5GHz 대역의 주파수를 이용하는 규격으로 나뉩니다. 그리고 '0'과 '1'인 데이터를 변환해서 어떻게 전파에 실어보내느냐에 따라 전송 속도가 바뀝니다. 비교적 새로운 규격인 IEEE802.11n/ac는 더욱 고급 기술을 이용해 고속 통신이 가능해졌습니다. IEEE802.11n/ac 규격의 무선 LAN 액세스 포인트와 무선 LAN 인터페이스를 구입할 때에는 지원하는 최대 전송 속도를 확인해 두어야만 합니다.

Wi-Fi란? //

무선 LAN의 규격인 IEEE802.11보다 'Wi-Fi(와이파이)'라는 용어를 보고 듣는 경우가 많을 것입니다. 예전에는 무선 LAN 기기끼리 호환이 잘 되지 않아, 제조사가 다르면 원활하게 접속할 수 없는 경우도 있었습니다. 그래서 Wi-Fi Alliance라는 업계 단체가 무선 LAN 기기의 상호 접속성을 인증한 브랜드를 Wi-Fi라고 부릅니다. Wi-Fi 로고가 붙어 있는 제품은 가령 제조사가 달라도 안심하고 사용할 수 있다는 것을 사용자에게 알리기 위해서입니다(그림 5-21).

현재는 상호 접속할 수 있음을 보증한다는 의미보다도 무선 LAN 자체를 가리켜 'Wi-Fi'라고 표현하는 일이 많아졌습니다.

표 5-4 　주요 무선 LAN 규격

규격 이름	책정시기	주파수대	전송속도
IEEE802.11b	1999년 10월	2.4GHz 대	11Mbps
IEEE802.11a	1999년 10월	5GHz 대	54Mbps
IEEE802.11g	2003년 6월	2.4GHz 대	54Mbps
IEEE802.11n	2009년 9월	2.4GHz / 5GHz 대	65-600Mbps
IEEE802.11ac	2014년 1월	5GHz 대	290Mbps ~ 6.9Gpbs

그림 5-21 　Wi-Fi

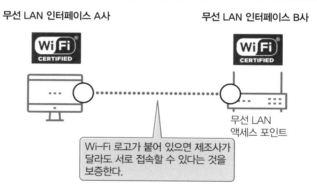

무선 LAN 인터페이스 A사　　　　　무선 LAN 인터페이스 B사

무선 LAN
액세스 포인트

Wi-Fi 로고가 붙어 있으면 제조사가
달라도 서로 접속할 수 있다는 것을
보증한다.

Point

✔ 무선 LAN은 주로 이용하는 전파의 주파수대와 데이터를 전파에 싣는 방식에 따라서 여러
　가지 규격이 있다.

✔ Wi-Fi는 원래 무선 LAN 기기 간 상호 접속을 보증하고자 사용됐지만, 현재는 무선 LAN
　자체를 가리키는 용어가 됐다.

무선 LAN에 연결한다

무선 LAN으로 통신하려면? //

아무렇게나 전파를 날린다고 무선 LAN으로 통신할 수 있는 것은 아닙니다. 우선은 무선 LAN 액세스 포인트에 연결해서 무선 LAN 링크를 확립해야만 합니다. 무선 LAN에 연결하는 것을 **어소시에이션**이라고 부릅니다. 어소시에이션은 유선 이더넷의 케이블 배선에 해당합니다.

SSID를 지정해서 연결한다 //

어소시에이션에는 **SSID**(Service Set Identifier)가 필요합니다. SSID란 무선 LAN의 논리적인 그룹을 식별하는 식별정보입니다. 미리 무선 LAN 액세스 포인트에는 최대 32문자의 문자열로 SSID를 지정해 둡니다. 한 대의 액세스 포인트에 복수의 SSID를 설정할 수도 있습니다. 또한, 복수의 액세스 포인트에 대해 같은 SSID를 설정할 수도 있습니다. SSID를 ESSID(Extended Service Set Identifier)라고 부르는 경우도 있습니다.

무선 LAN 클라이언트는 액세스 포인트가 내보내는 **제어신호(비콘)**에서 이용할 수 있는 전파의 **주파수(채널)**를 찾습니다. 이용할 수 있는 채널을 발견하면 SSID를 지정해서 무선 LAN 액세스 포인트에 어소시에이션 요청을 보냅니다. 무선 LAN 액세스 포인트는 어소시에이션 응답으로 접속할 수 있는지 알려줍니다(그림 5-22).

암호화나 인증 등의 보안 설정은 SSID별로 합니다. SSID를 여러 개 설정해 두고, SSID별로 각각 보안 설정을 함으로써 무선 LAN 클라이언트의 통신을 제어할 수도 있습니다.

그림 5-22 어소시에이션

유선 LAN(이더넷)

SW1

무선 LAN

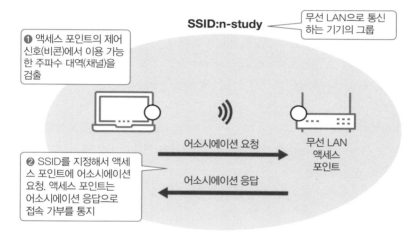

SSID:n-study ← 무선 LAN으로 통신하는 기기의 그룹

❶ 액세스 포인트의 제어 신호(비콘)에서 이용 가능한 주파수 대역(채널)을 검출

어소시에이션 요청 →

무선 LAN 액세스 포인트

❷ SSID를 지정해서 액세스 포인트에 어소시에이션 요청. 액세스 포인트는 어소시에이션 응답으로 접속 가부를 통지

← 어소시에이션 응답

▢ 이더넷 인터페이스

◯ 무선 LAN 인터페이스

※ SW 표기는 레이어2 스위치를 나타낸다.

Point

✔ 무선 LAN으로 통신하려면 무선 LAN 액세스 포인트에 어소시에이션한다.

✔ SSID를 지정해서 어소시에이션한다.

전파는 돌려쓴다

무선 LAN의 규격상 통신 속도 \\

IEEE802.11n/ac와 같은 새로운 무선 LAN 규격의 속도는 유선 이더넷과 손색이 없을 정도가 되었습니다. 하지만, 이것은 어디까지나 규격상 표시한 최대 통신 속도에 지나지 않습니다. 유선 이더넷과 비교하면, 무선 LAN은 규격에서 정한 속도대로 통신할 수 있는 경우가 거의 없습니다. 우리가 보통 애플리케이션을 이용할 때의 실질적인 통신 속도를 **실효속도**나 **스루풋**이라고 부릅니다. 무선 LAN의 스루풋은 규격상 전송속도의 절반 정도로 생각하세요. 스루풋이 낮아지는 이유는 전파를 돌려쓰기 때문입니다. 초기 이더넷에서 하나의 전송매체를 돌려쓰는 것과 같습니다.

무선 LAN의 충돌 \\\

무선 LAN에서 전송 매체는 전파입니다. 무선 LAN 액세스 포인트에서 설정한 특정 주파수대의 전파를 **채널**이라고 부릅니다. 무선 LAN 액세스 포인트에 복수의 클라이언트가 어소시에이션하고 있으면, 복수의 클라이언트들이 전파를 공유해서 이용합니다.

어떤 순간에 무선 LAN에서 데이터를 전파에 실어 송신할 수 있는 것은 하나의 무선 LAN 클라이언트뿐입니다. 만약, 복수의 무선 LAN 클라이언트가 동시에 데이터를 전파에 실어 보내버리면, 전파가 중첩되어 수신하는 쪽에서도 원래 데이터를 재구성할 수 없게 되어 버립니다. 이를 무선 LAN에서의 **충돌**이라고 부릅니다(그림 5-23).

복수의 무선 LAN 클라이언트가 전파를 돌려쓰며 데이터를 주고받기 위해서는 충돌이 일어나선 안 됩니다.

그래서 어떤 타이밍에 무선 LAN 클라이언트가 데이터를 전파에 실어 송신할지 제어할 필요가 있습니다. 무선 LAN에서는 CSMA/CA(Carrier Sense Multiple Access with Collision Avoidance)를 이용합니다.

그림 5-23 무선 LAN 충돌

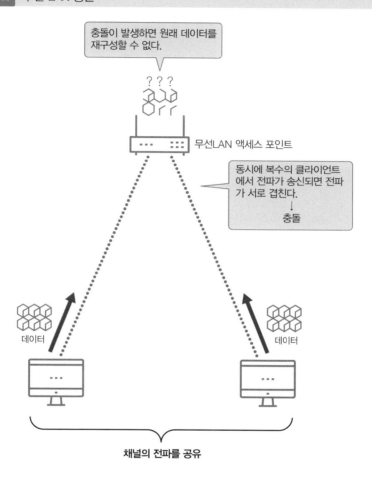

충돌이 발생하면 원래 데이터를 재구성할 수 없다.

무선LAN 액세스 포인트

동시에 복수의 클라이언트에서 전파가 송신되면 전파가 서로 겹친다.
↓
충돌

데이터

데이터

채널의 전파를 공유

Point

✔ 무선 LAN에서는 하나의 액세스 포인트에 접속하는 무선 LAN 클라이언가 전파를 돌려쓴다.

✔ 전파를 돌려쓰므로 규격상의 전송속도로 통신할 수 있는 경우가 거의 없다.

✔ 무선 LAN에서 충돌이 발생하지 않게 하고, 전파를 돌려쓰도록 제어하고자 CSMA/CA를 이용한다.

충돌이 일어나지 않게 데이터를 전송한다

CSMA/CA 제어

CSMA/CA는 단순히 말하면, 빠른 쪽이 이기는 방식으로 전파를 이용하는 메커니즘입니다. CSMA/CA 제어는 아래와 같은 흐름으로 이루어집니다(그림 5-24).

1. 전파가 이용 중인지 확인한다(Carrier Sense)

데이터를 전송하려고 할 때, 현재 전파가 이용 중인지 아닌지 확인합니다. 액세스 포인트에 어소시에이션했을 때 채널을 알고 있습니다. 그 채널의 전파를 검출하면, 전파가 이용 중인지 알 수 있습니다. 전파가 이용 중일 때는 대기합니다. 전파가 검출되지 않았다면 일정 시간 대기합니다.

2. 랜덤 시간 대기(Collision Avoidance)

전파가 이용 중이 아니면 데이터를 송신할 수 있지만, 바로 송신을 시작하지 않고 랜덤 시간 동안 대기합니다. 복수의 클라이언트가 동시에 전파를 미사용으로 판단하고, 곧바로 데이터를 송신하기 시작하면 충돌이 발생할 가능성이 있습니다. 그래서, 랜덤 시간 동안 대기하고, 다른 무선 LAN 클라이언트와 송신 타이밍을 어긋나게 함으로써 충돌을 회피합니다.

3. 데이터 송신

랜덤 시간 동안 기다렸는데도 전파가 미사용이라면, 드디어 데이터를 전파에 실어 송신할 수 있습니다. 또한, 무선 LAN 통신에서는 데이터를 수신했으면 수신 확인 응답으로 ACK를 반환합니다. 그 사이에 다른 무선 LAN 클라이언트는 전파가 사용 중이므로, 데이터를 보내고 싶어도 기다려야만 합니다.

이런 방식으로 제어하므로, 무선 LAN 클라이언트가 데이터를 보내려고 할 때 대기 시간이 길어지고 스루풋이 저하됩니다.

그림 5-24 CSMA/CA

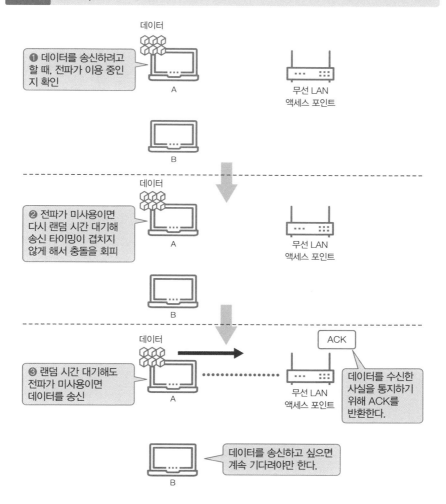

데이터

❶ 데이터를 송신하려고 할 때, 전파가 이용 중인지 확인

A

무선 LAN 액세스 포인트

B

데이터

❷ 전파가 미사용이면 다시 랜덤 시간 대기해 송신 타이밍이 겹치지 않게 해서 충돌을 회피

A

무선 LAN 액세스 포인트

B

데이터

ACK

❸ 랜덤 시간 대기해도 전파가 미사용이면 데이터를 송신

A

무선 LAN 액세스 포인트

데이터를 수신한 사실을 통지하기 위해 ACK를 반환한다.

데이터를 송신하고 싶으면 계속 기다려야만 한다.

B

Point

✔ CSMA/CA에 의해 충돌이 발생하지 않도록 복수의 무선 LAN 클라이언트가 전파를 돌려가며 사용할 수 있게 한다.

✔ 전파가 비어 있다고 판단하고 나서 다시 랜덤 시간 대기함으로써 충돌 발생을 회피한다.

무선 LAN의 보안

악의를 가진 사용자에게도 편리

무선 LAN은 간편하고 편리하지만, 악의를 가진 사용자에게도 편리한 구조입니다. 적절한 보안 대책을 세워두지 않으면, 무선 LAN의 데이터를 도청하거나 무선 LAN 을 통해 부정하게 침입할 위험이 있습니다.

무선 LAN 보안의 핵심

무선 LAN 보안을 생각할 때, 핵심은 인증과 암호화입니다.

인증으로 무선 LAN 액세스 포인트에 정식 사용자만 접속할 수 있게 합니다. 또한, 무선 LAN으로 송수신하는 데이터를 암호화함으로써 전파를 엿들어도 데이터의 내 용 자체가 관계 없는 3자에게 새어나가는 것을 방지할 수 있습니다(그림 5-25).

무선 LAN의 규격

무선 LAN의 보안을 확보하기 위해 규격이 정해져 있습니다. 현재 일반적으로 이용 하는 무선 LAN의 보안 규격은 **WPA2**입니다. WPA2는 IEEE802.11i라고도 부릅 니다.

WPA2는 데이터 암호화에 AES(Advanced Encryption Standard), 인증에 IEEE802.1X를 이용합니다. IEEE802.1X의 인증은 높은 수준의 사용자 인증이 가 능하지만, 일반 사용자에게는 복잡하므로 단순한 암호 인증도 지원합니다.

2018년 현재, 무선 LAN 기기는 거의 WPA2 보안 규격을 지원합니다. 설정도 간단 히 할 수 있게 되어 있으므로, 무선 LAN을 이용할 때에는 반드시 WPA2 보안 설정 을 하도록 합시다.

그림 5-25   무선 LAN 보안 대책의 핵심

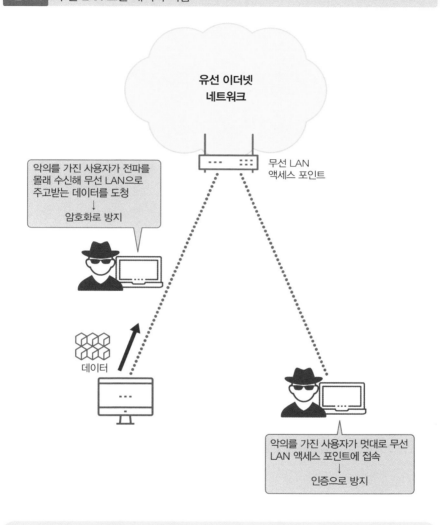

Point

✔ 무선 LAN 보안을 제대로 확보하는 것이 중요

✔ 무선 LAN 보안의 핵심은 데이터 암호화와 사용자 인증

✔ 무선 LAN 보안 규격으로 WPA2(IEEE802.11i)가 있다.

실습코너

MAC 주소를 확인해보자

윈도우 PC의 MAC 주소를 확인해봅시다.

〈순서〉

① 명령 프롬프트를 엽니다.

명령 프롬프트는 3장 [실습코너]를 참조하세요.

② 'ipconfig/all'이라고 명령을 입력합니다.

출력된 결과에서 '물리적 주소' 부분이 MAC 주소입니다.

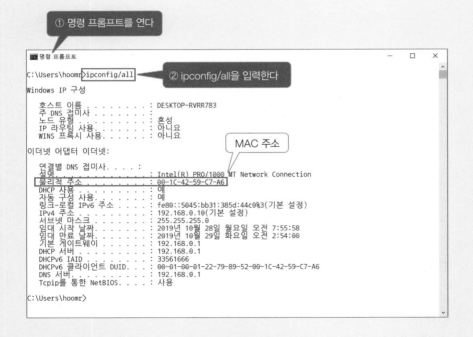

Ch>>> **6**

라우팅

멀리 있는 네트워크까지 전송한다

6-1 라우팅

외부 네트워크로 데이터를 보낸다

다른 네트워크로 데이터를 옮기려면? \\\\\\\\\\\\\\\\\\\\\\\\\\\\\\\\\\\\\

5장에서 설명한 것처럼 이더넷과 무선 LAN으로 같은 네트워크 안에서 데이터를 전송할 수 있습니다. 하지만, 다른 네트워크에 데이터를 보내려면 네트워크를 서로 연결하는 라우터로 전송해야 합니다.

라우터는 데이터의 목적지가 어느 네트워크에 접속해 있는지 판단해서 연결된 네트워크의 라우터로 전송합니다(**라우팅**). 라우팅을 계속 반복하면, 가령 멀리 떨어진 네트워크라도 데이터를 목적지까지 보낼 수 있습니다(그림 6-1).

운반하는 데이터는 IP 패킷 \\\

라우터가 전송할 대상이 되는 데이터는 IP 패킷입니다. IP 패킷은 TCP/IP 계층에서는 인터넷층에 속합니다. 따라서, 라우팅 동작은 인터넷층에서 하게 됩니다.

라우터가 IP 패킷을 전송할 때는 IP 헤더 안에 있는 목적지 IP 주소를 확인합니다. IP 헤더의 **TTL**과 **헤더 체크섬**만 변경되며, 나머지 부분은 변경되지 않은 채로 전송됩니다(NAT 주소 변환이 이루어질 때는 IP 주소도 변경됩니다).

하지만, 이더넷 헤더 등 네트워크 인터페이스층 프로토콜의 헤더는 라우터가 전송할 때 완전히 새로운 헤더로 교체됩니다. 이더넷 헤더 등 네트워크 인터페이스층의 헤더는 연결된 네트워크에 있는 다른 라우터까지 보내기 위한 것이기 때문입니다(그림 6-2).

그림6-1 라우팅의 개요

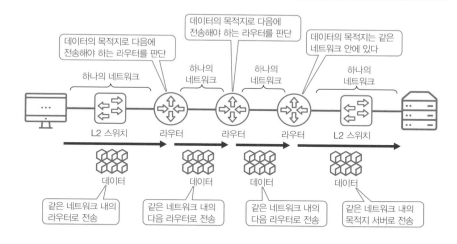

데이터의 목적지로 다음에
전송해야 하는 라우터를 판단

데이터의 목적지로 다음에
전송해야 하는 라우터를 판단

데이터의 목적지는 같은
네트워크 안에 있다

하나의 네트워크

하나의
네트워크

하나의
네트워크

하나의
네트워크

L2 스위치   라우터   라우터   라우터   L2 스위치

데이터   데이터   데이터   데이터

같은 네트워크 내의
라우터로 전송

같은 네트워크 내의
다음 라우터로 전송

같은 네트워크 내의
다음 라우터로 전송

같은 네트워크 내의
목적지 서버로 전송

Chapter
6

그림6-2 라우터가 다루는 데이터

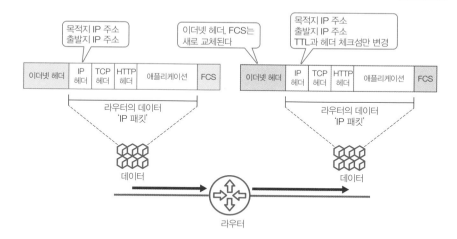

목적지 IP 주소
출발지 IP 주소

이더넷 헤더, FCS는
새로 교체된다

목적지 IP 주소
출발지 IP 주소
TTL과 헤더 체크섬만 변경

이더넷 헤더	IP 헤더	TCP 헤더	HTTP 헤더	애플리케이션	FCS

라우터의 데이터
'IP 패킷'

이더넷 헤더	IP 헤더	TCP 헤더	HTTP 헤더	애플리케이션	FCS

라우터의 데이터
'IP 패킷'

데이터   데이터

라우터

Point

✔ 라우터는 데이터의 목적지가 어느 네트워크에 접속되어 있는지 판단해 다음 라우터로 전
송한다.

✔ 라우터가 전송하는 데이터는 IP 패킷

라우터에서 네트워크 연결에 필요한 주소 설정

IP 주소를 설정해서 네트워크를 연결한다

[3-12]에서도 설명했지만, '네트워크에 접속한다는 것은 IP 주소를 설정한다'는 것입니다. 라우터로 복수의 네트워크를 연결할 때도 **IP 주소를 설정**합니다.

라우터로 네트워크를 서로 연결하기 위해서는 라우터 인터페이스의 **물리적 배선**에 더해 IP 주소를 설정할 필요가 있습니다. 예를 들어봅시다. 우선, 라우터 인터페이스1의 물리적인 배선을 하고, 그 인터페이스를 활성화합니다. 다음으로 IP 주소 192.168.1.254/24를 설정하면, 라우터 인터페이스1은 192.168.1.0/24 네트워크에 접속할 수 있습니다. 라우터에는 복수의 인터페이스가 준비되어 있으므로, 물리적인 배선과 IP 주소 설정을 각각 할 필요가 있습니다.

라우터에서의 네트워크간 상호 접속의 예

[그림 6-3]의 R1에는 세 개의 인터페이스가 있습니다. 인터페이스1에 물리적인 배선을 하고 IP 주소 192.168.1.254/24를 설정하면, 라우터1의 인터페이스1은 네트워크1의 192.168.1.0/24에 접속됩니다. 마찬가지로 인터페이스2와 인터페이스3에도 IP 주소를 설정하면, R1은 네트워크1, 네트워크2, 네트워크3과 서로 접속됩니다.

네트워크3에는 R1뿐만 아니라 R2도 접속되어 있습니다. R2의 세 개의 인터페이스에도 R1처럼 물리적인 배선을 하고 IP 주소를 설정함으로써 R2는 네트워크3, 네트워크4, 네트워크5와 서로 접속됩니다.

이렇게 서로 연결된 네트워크 사이에서 라우터는 데이터(IP 패킷)를 전송합니다.

그림 6-3 | 라우터의 네트워크간 상호 접속

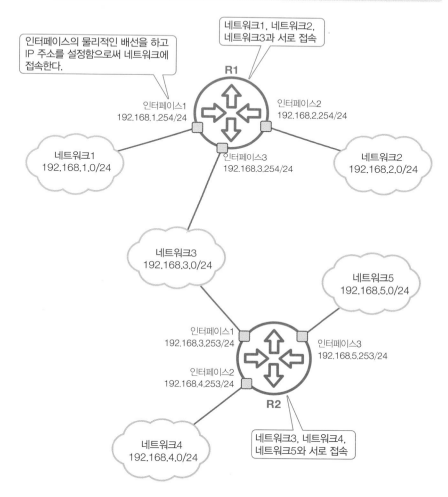

인터페이스의 물리적인 배선을 하고
IP 주소를 설정함으로써 네트워크에
접속한다.

네트워크1, 네트워크2,
네트워크3과 서로 접속

R1

인터페이스1
192.168.1.254/24

인터페이스2
192.168.2.254/24

네트워크1
192.168.1.0/24

인터페이스3
192.168.3.254/24

네트워크2
192.168.2.0/24

네트워크3
192.168.3.0/24

네트워크5
192.168.5.0/24

인터페이스1
192.168.3.253/24

인터페이스3
192.168.5.253/24

인터페이스2
192.168.4.253/24

R2

네트워크4
192.168.4.0/24

네트워크3, 네트워크4,
네트워크5와 서로 접속

Point

✔ 라우터로 네트워크끼리 서로 접속한다.

✔ 네트워크를 접속하기 위해서는 라우터의 인터페이스에 IP 주소를 설정한다.

데이터의 전송처를 결정한다

라우터의 데이터 전송 흐름 //

라우터가 데이터(IP 패킷)를 전송하는 흐름을 이더넷으로 연결된 단순한 네트워크 구성(그림 6-4)으로 자세히 살펴보겠습니다.

1. 라우팅 대상인 IP 패킷을 수신한다

라우터가 라우팅하는 대상인 IP 패킷은 다음과 같은 주소 정보의 패킷입니다.

- ◆ 목적지 레이어2 주소(MAC 주소) : 라우터
- ◆ 목적지 IP 주소 : 라우터의 IP 주소 이외

호스트1에서 호스트2 앞으로 가는 IP 패킷은 우선 R1으로 전송됩니다. 그때의 주소 정보는 다음과 같이 되어 있습니다.

- ◆ 목적지 MAC 주소 : R11 출발지 MAC 주소 : H1
- ◆ 목적지 IP 주소 : 192.168.2.100   출발지 IP 주소 : 192.168.1.100

2. 경로 정보를 검색해서 전송할 곳을 결정한다

목적지 IP 주소로 라우팅 테이블 상의 경로 정보를 검색해 전송할 곳을 결정합니다. R1은 목적지 IP 주소와 일치하는 라우팅 테이블의 경로 정보를 검색합니다. 목적지 IP 주소 192.168.2.100과 일치하는 경로 정보는 192.168.2.0/24입니다. 그러므로, 전송할 곳의 **넥스트 홉**(다음에 전송할 라우터)은 192.168.0.2, 즉 R2라는 것을 알 수 있습니다.

다음 항에서는 레이어2 헤더를 수정해 IP 패킷을 전송해가는 흐름을 설명하겠습니다.

그림6-4 라우팅 대상 패킷 수신, 라우팅 테이블 검색

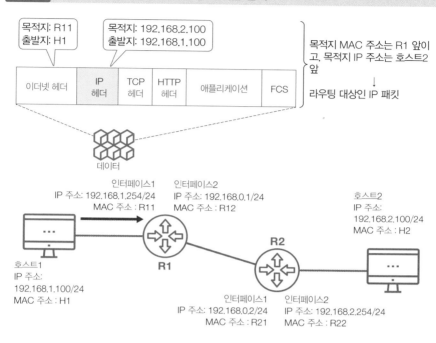

R1 라우팅 테이블

네트워크 주소	넥스트 홉
192.168.0.0/24	직접 접속
192.168.1.0/24	직접 접속
192.168.2.0/24	192.168.0.2(R2)

목적지 IP 주소 192.168.2.100과 일치하는 경로
↓
다음에 192.168.0.2(R2)로 전송한다

Point

✔ 라우팅 대상인 IP 패킷은 다음과 같은 주소의 패킷
  • 목적지 레이어2 주소 : 라우터, 목적지 IP 주소 : 라우터 이외
✔ 목적지 IP 주소로 라우팅 테이블의 경로를 검색한다.

다음 라우터로 데이터를 전송한다

레이어2 헤더를 수정해 IP 패킷을 전송 //

전항까지에서 경로 정보 검색이 끝나고, 넥스트 홉에 실제로 데이터를 전송합니다. [그림 6-5]의 R1은 라우팅 테이블의 경로 정보로 수신한 IP 패킷을 192.168.0.2(R2)로 전송합니다. R1과 R2는 이더넷으로 연결된 네트워크 구성입니다. R2로 전송하기 위해서는 이더넷 헤더를 추가해야 합니다. 그렇게 하려면 R2의 MAC 주소가 필요합니다.

MAC 주소를 구하기 위해 ARP를 실행합니다. ARP는 IP 주소로 MAC 주소를 구하는 프로토콜입니다. 라우팅 테이블의 일치하는 경로 정보의 넥스트 홉에서 R2의 IP 주소가 192.168.0.2라는 것을 알 수 있습니다. R1은 192.168.0.2의 MAC 주소를 구하고자 자동으로 ARP를 실행합니다.

그리고 ARP로 목적지 MAC 주소 R21을 알아내면, 새로운 이더넷 헤더로 바꾼 후 IP 패킷을 인터페이스2에서 전송합니다 레이어2 헤더인 이더넷 헤더는 완전히 새로워집니다. 또한, FCS도 새로 추가됩니다.

하지만, IP 헤더의 IP 주소는 전혀 달라지지 않습니다. 덧붙여, IP 주소는 변하지 않지만, IP 헤더의 TTL을 −1하고, 그에 따라 헤더 체크섬을 다시 계산합니다.

R1에서 전송된 데이터는 R2에 도달하고, 이어서 R2에서 라우팅 처리를 하게 됩니다. 만약, 라우터에서 NAT로 IP 주소를 변환할 때는 IP 주소가 바뀝니다. 단순히 라우팅할 때에는 IP 주소는 달라지지 않습니다.

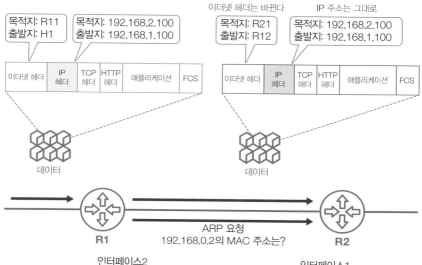

그림 6-5 레이어2 헤더를 바꿔서 R2로 전송

R1 라우팅 테이블

네트워크 주소	넥스트 홉
192.168.0.0/24	직접 접속
192.168.1.0/24	직접 접속
192.168.2.0/24	192.168.0.2(R2)

192.168.0.2에 이더넷으로 전송하기 위해,
192.168.0.2의 MAC 주소가 필요
↓
ARP로 주소 해석

Point

✔ 넥스트 홉으로 전송하기 위해 새로운 헤더를 추가한다.
✔ 이더넷에서는 자동으로 ARP를 실행해 넥스트 홉의 MAC 주소를 구한다.

최종 주소를 확인한다

R2에서도 같은 처리를 한다 ///

[그림 6-5]의 R1에서 전송된 IP 패킷은 R2에서 수신합니다(그림 6-6). 라우팅 처리
는 라우터마다 합니다. R2에서도 R1과 마찬가지로 라우팅 처리를 하게 됩니다.
R2가 수신한 IP 패킷의 주소 정보는 다음과 같습니다.

◆ [수신한 주소 정보]

　목적지 MAC 주소 : R21　출발지 MAC 주소 : R12

　목적지 IP 주소 : 192.168.2.100　출발지 IP 주소 : 192.168.1.100

◆ [최초의 주소 정보]

　목적지 MAC 주소 : R11　출발지 MAC 주소 : H1

　목적지 IP 주소 : 192.168.2.100　출발지 IP 주소 : 192.168.1.100

호스트1이 송신한 패킷과 비교하면 MAC 주소는 바뀌었지만, IP 주소는 같습니다.
목적지 MAC 주소가 R2의 주소이고, 목적지 IP 주소는 R2의 주소가 아닙니다. 이
패킷은 라우팅 대상인 IP 패킷입니다.

최종적인 목적지는 어디일까? ///

R2는 라우팅하기 위해 목적지 IP 주소 192.168.2.100과 일치하는 경로 정보를 검색
합니다. 그러면, 192.168.2.0/24인 경로 정보가 발견됩니다. 넥스트 홉은 직접 접속
되어 있고, 최종적인 목적지 IP 주소 192.168.2.100은 R2와 같은 네트워크에 있음을
알 수 있습니다.

그림6-6 R2 라우팅 대상 패킷 수신과 라우팅 테이블 검색

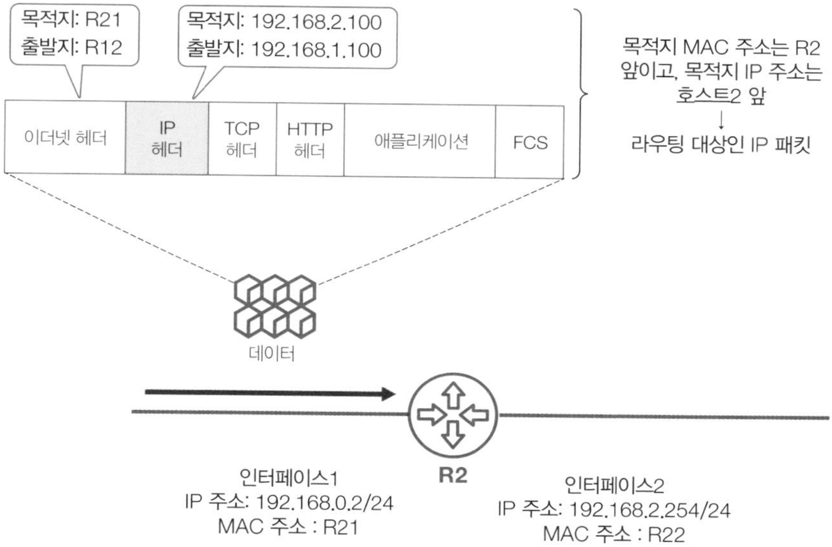

목적지: R21
출발지: R12

목적지: 192.168.2.100
출발지: 192.168.1.100

목적지 MAC 주소는 R2
앞이고, 목적지 IP 주소는
호스트2 앞
↓
라우팅 대상인 IP 패킷

이더넷 헤더	IP 헤더	TCP 헤더	HTTP 헤더	애플리케이션	FCS

데이터

인터페이스1
IP 주소: 192.168.0.2/24
MAC 주소 : R21

R2

인터페이스2
IP 주소: 192.168.2.254/24
MAC 주소 : R22

Chapter
6

R2 라우팅 테이블

네트워크 주소	넥스트 홉
192.168.0.0/24	직접 접속
192.168.1.0/24	192.168.0.1(R1)
192.168.2.0/24	직접 접속

목적지 IP 주소 192.168.2.100과 일치하는
경로 정보
↓
최종적인 목적지 192.168.2.100은 R2와 같은 네트워크

Point

✔ 라우팅 처리는 라우터마다 하고, 최종적인 목적지에 직접 접속된 라우터까지 IP 패킷이 전
송되어 간다.

최종 목적지로 데이터를 보낸다

같은 네트워크 내에 있는 것을 확인한다 〰〰〰〰〰〰〰〰〰〰〰〰〰〰〰〰

R2의 라우팅 테이블에 있는 경로 정보에서 IP 패킷의 **최종 목적지**인 192.168.2.100 (호스트2)이 R2의 인터페이스2와 같은 네트워크 상에 있음을 알 수 있습니다. 최종 목적지인 호스트2로 IP 패킷을 전송하려면, 호스트2의 MAC 주소가 필요합니다. 그래서 IP 패킷의 목적지 IP 주소 192.168.2.100의 MAC 주소를 구하기 위해 ARP를 실행합니다.

ARP로 호스트2의 MAC 주소 H2를 알아내면, 새로운 이더넷 헤더를 추가하고 R2의 인터페이스2를 통해 IP 패킷을 전송합니다. 역시 R2에서 수신했을 때와는 MAC 주소가 달라지지만, IP 주소는 같습니다.

R2에서 전송한 IP 패킷은 무사히 최종 목적지인 호스트2에 도착하게 됩니다(그림 6-7).

데이터가 도착하면 응답을 반환한다 〰〰〰〰〰〰〰〰〰〰〰〰〰〰〰〰〰〰〰

이후로 자세한 설명은 생략하지만, 통신은 원칙적으로 양방향이라는 사실을 다시 한 번 떠올려 주세요.

호스트1에서 호스트2로 뭔가 데이터를 보내면, 호스트2에서 호스트1로 그에 대한 응답이 돌아옵니다. 호스트2에서 호스트1로 보내는 데이터도 마찬가지로 라우터가 목적지 IP 주소와 라우팅 테이블을 참조하여 전송할 곳을 판단합니다. 그리고 레이어2 헤더를 바꿔가면서 데이터를 전송해 갑니다.

그림6-7 레이어2 헤더를 바꿔서 호스트2로 전송

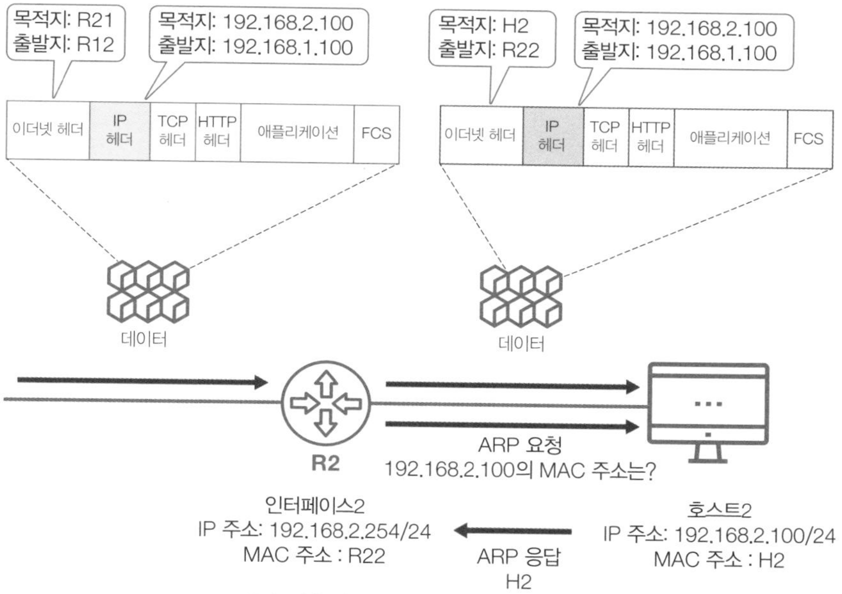

목적지: R21
출발지: R12

목적지: 192.168.2.100
출발지: 192.168.1.100

목적지: H2
출발지: R22

목적지: 192.168.2.100
출발지: 192.168.1.100

| 이더넷 헤더 | IP 헤더 | TCP 헤더 | HTTP 헤더 | 애플리케이션 | FCS |

데이터

| 이더넷 헤더 | IP 헤더 | TCP 헤더 | HTTP 헤더 | 애플리케이션 | FCS |

데이터

R2

ARP 요청
192.168.2.100의 MAC 주소는?

인터페이스2
IP 주소: 192.168.2.254/24
MAC 주소 : R22

ARP 응답
H2

호스트2
IP 주소: 192.168.2.100/24
MAC 주소 : H2

R2 라우팅 테이블

네트워크 주소	넥스트 홉
192.168.0.0/24	직접 접속
192.168.1.0/24	192.168.0.1(R1)
192.168.2.0/24	직접 접속

최종 목적지 IP 주소 192.168.2.100은 같은
네트워크에 있으므로, 192.168.2.100의 MAC
주소를 ARP로 해석

Point

✔ 마지막 라우터는 IP 패킷의 목적지 IP 주소의 MAC 주소를 ARP로 질의해 IP 패킷을 전송
한다.

✔ 통신은 양방향이라는 것을 잊지 않는다.

라우터가 인식하는 네트워크 정보

라우팅 테이블이란?

앞에서 라우터가 라우팅할 때에는 라우팅 테이블이 만들어져 있는 것이 대전제라고 설명했습니다. 라우팅 테이블에는 어떤 네트워크로 IP 패킷을 전송하기 위한 경로가 등록되어 있습니다. 경로란 구체적으로 다음에 전송해야 하는 라우터입니다. 라우팅 테이블에 등록된 네트워크 정보를 **루트 정보**나 **경로 정보**라고 부릅니다.

경로 정보의 내용

라우팅 테이블의 경로 정보에 기재되는 내용은 제품에 따라 조금씩 차이가 있습니다. [그림 6-8]은 기업용 라우터로 자주 이용되는 Cisco System 라우터의 라우팅 테이블의 예입니다.

경로 정보의 내용 중에서 중요한 것은 목적지의 **네트워크주소/서브넷마스크와 넥스트 홉 주소**입니다.

이웃 라우터까지 알고 있으면 된다

라우터는 라우팅 테이블로 이웃 라우터의 네트워크 구성을 인식합니다. 단, 네트워크 전체의 자세한 구성이 아니라, 자신을 중심으로 이웃 라우터 저 너머에 어떤 네트워크가 있는가 하는 수준입니다. 연결된 네트워크로 전송을 반복해 가는 것이므로, 이웃 라우터까지 전송할 수 있으면 되기 때문입니다.

라우팅 테이블 상에서 인식할 수 없는 네트워크로 가는 IP 패킷은 모두 폐기됩니다. 그러므로, 라우팅 테이블에 필요한 경로 정보를 빠짐없이 등록해 두어야만 합니다. 이는 하나의 라우터 뿐만 아니라, 네트워크 상의 모든 라우터에 대해서도 똑같습니다.

그림 6-8 라우팅 테이블의 예

```
R1#show ip route
Codes: C - connected, S - static, I - IGRP, R - RIP, M - mobile, B - BGP
       D - EIGRP, EX - EIGRP external, O - OSPF, IA - OSPF inter area
       N1 - OSPF NSSA external type 1, N2 - OSPF NSSA external type 2
       E1 - OSPF external type 1, E2 - OSPF external type 2, E - EGP
       i - IS-IS, su - IS-IS summary, L1 - IS-IS level-1, L2 - IS-IS level-2
       ia - IS-IS inter area, * - candidate default, U - per-user static route
       o - ODR, P - periodic downloaded static route

Gateway of last resort is not set

S     172.17.0.0/16 [1/0] via 10.1.2.2
S     172.16.0.0/16 [1/0] via 10.1.2.2
      10.0.0.0/24 is subnetted, 3 subnets
R        10.1.3.0 [120/1] via 10.1.2.2, 00:00:10, Serial0/1
C        10.1.2.0 is directly connected, Serial0/1
C        10.1.1.0 is directly connected, FastEthernet0/0
S     192.168.1.0/24 [1/0] via 10.1.2.2
```

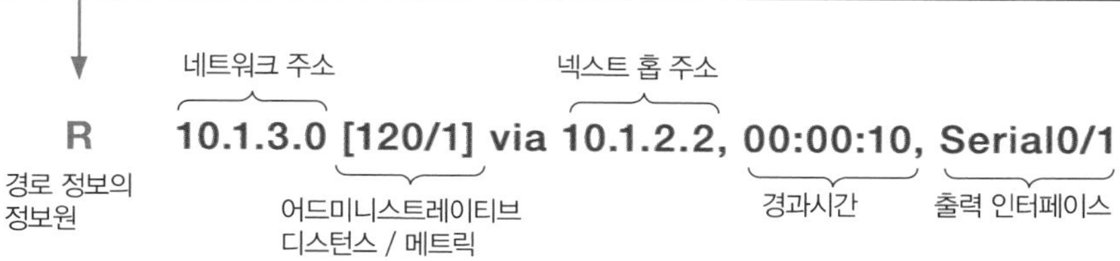

Chapter
6

네트워크 주소   넥스트 홉 주소

R   10.1.3.0 [120/1] via 10.1.2.2, 00:00:10, Serial0/1

경로 정보의   어드미니스트레이티브   경과시간   출력 인터페이스
정보원   디스턴스 / 메트릭

※ Cisco 라우터의 라우팅 테이블의 예
※ 어드미니스트레이티브 디스턴스 / 메트릭은 해당 네트워크까지의 네트워크적인 거리를 수치화한 것

Point

✔ 라우팅 테이블에는 어떤 네트워크로 IP 패킷을 전송하려면 다음에 어느 라우터로 전송해야 하는지 경로가 등록되어 있다.

✔ 라우팅 테이블에 등록되는 정보를 경로 정보라고 부른다.

라우팅 테이블의 가장 기본적인 정보

라우팅 테이블을 만드는 방법

라우팅 테이블에 경로 정보를 등록하려면, 다음 3가지 방법을 사용합니다.

- ◆ 직접 접속
- ◆ 스태틱 라우팅
- ◆ 라우팅 프로토콜

가장 기본은 직접 접속

직접 접속의 경로 정보는 가장 기본적인 경로 정보입니다. 라우터에는 네트워크를 연결하는 역할이 있습니다. 직접 접속의 경로 정보는 이름 그대로 라우터가 직접 연결된 네트워크의 경로 정보입니다. 직접 접속의 경로 정보를 라우팅 테이블에 등록하기 위한 특별한 설정은 필요 없습니다. 라우터의 인터페이스에 IP 주소를 설정하고, 그 인터페이스를 활성화하기만 하면 됩니다. 자동으로 설정한 IP 주소에 대응하는 네트워크 주소의 경로 정보가 직접 접속의 경로 정보로서 라우팅 테이블에 등록됩니다(그림 6-9).

라우팅 테이블에 등록된 네트워크로만 IP 패킷을 라우팅할 수 있습니다. 결국, 라우터는 특별한 설정을 하지 않아도 직접 접속된 네트워크 사이에서 라우팅할 수 있습니다. 거꾸로 말하면, 라우터는 직접 접속된 네트워크밖에 모릅니다.

라우터에 직접 접속되지 않은 원격 네트워크의 경로 정보를 라우팅 테이블에 등록하는 방법은 따로 있습니다.

그림6-9 직접 접속 경로 정보

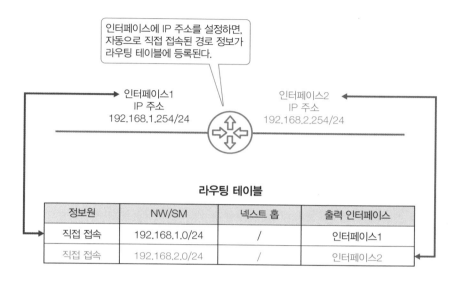

인터페이스에 IP 주소를 설정하면,
자동으로 직접 접속된 경로 정보가
라우팅 테이블에 등록된다.

인터페이스1
IP 주소
192.168.1.254/24

인터페이스2
IP 주소
192.168.2.254/24

라우팅 테이블

정보원	NW/SM	넥스트 홉	출력 인터페이스
직접 접속	192.168.1.0/24	/	인터페이스1
직접 접속	192.168.2.0/24	/	인터페이스2

Chapter
6

※ NW는 네트워크 주소를 나타낸다.
※ SM은 서브넷 마스크를 나타낸다.

Point

✔ 라우팅 테이블에 경로 정보를 등록하는 방법은 세 가지
　• 직접 접속
　• 스태틱 라우팅
　• 라우팅 프로토콜
✔ 인터페이스에 IP 주소를 설정하면 직접 접속된 경로 정보가 라우팅 테이블에 등록된다.

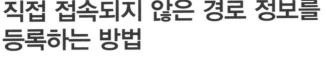

직접 접속되지 않은 경로 정보를 등록하는 방법

원격 네트워크의 경로 정보 등록

직접 접속 경로 정보에 더해, 그 라우터에 직접 접속되지 않은 원격 네트워크의 경로 정보를 등록해야 합니다.

커맨드를 입력한다

스태틱 라우팅은 라우터에 커맨드를 입력하는 등 경로 정보를 수동으로 라우팅 테이블에 등록하는 방법입니다.

커맨드는 제조사마다 다르지만, 네트워크 주소/서브넷 마스크와 넥스트 홉 주소를 커맨드로 입력하여 라우팅 테이블에 등록합니다(그림 6-10).

라우터끼리 정보를 교환시킨다

라우터에서 라우팅 프로토콜을 활성화하면, 라우터끼리 정보를 교환해 라우팅 테이블에 필요한 경로 정보를 등록해 줍니다(그림 6-11).

라우팅 프로토콜은 몇 가지 종류가 있습니다(표 6-1).

| 표 6-1 | 주요 라우팅 프로토콜 |

이름	개요
RIP(Routing Information Protocol)	주로 소규모 네트워크에서 이용한다
OSPF(Open Shortest Path First)	중규모~대규모 네트워크에도 대응할 수 있다
BGP(Border Gateway Protocol)	주로 인터넷 백본에서 이용한다

그림 6-10　스태틱 라우팅

192.168.1.0/24　　　192.168.0.0/24　　　192.168.2.0/24

R1　192.168.0.1　192.168.0.2　R2

R1 라우팅 테이블

네트워크 주소	넥스트 홉
192.168.0.0/24	직접 접속
192.168.1.0/24	직접 접속
192.168.2.0/24	192.168.0.2(R2)

스태틱 라우팅 설정 커맨드로 등록
'192.168.2.0/24의 넥스트 홉은 192.168.0.2'

R2 라우팅 테이블

네트워크 주소	넥스트 홉
192.168.0.0/24	직접 접속
192.168.1.0/24	192.168.0.1(R1)
192.168.2.0/24	직접 접속

스태틱 라우팅 설정 커맨드로 등록
'192.168.1.0/24의 넥스트 홉은 192.168.0.1'

그림 6-11　라우팅 프로토콜

Chapter
6

라우팅 프로토콜을 활성화해서 라우터끼리 정보를 교환

"192.168.1.0/24 네트워크는 이쪽"

"192.168.2.0/24 네트워크는 이쪽"

192.168.1.0/24　　　192.168.0.0/24　　　192.168.2.0/24

R1　192.168.0.1　192.168.0.2　R2

R1 라우팅 테이블

네트워크 주소	넥스트 홉
192.168.0.0/24	직접 접속
192.168.1.0/24	직접 접속
192.168.2.0/24	192.168.0.2(R2)

R2에서 수신한 정보로 등록 '192.168.2.0/24의
넥스트 홉은 192.168.0.2'

R2 라우팅 테이블

네트워크 주소	넥스트 홉
192.168.0.0/24	직접 접속
192.168.1.0/24	192.168.0.1(R1)
192.168.2.0/24	직접 접속

R1에서 수신한 정보로 등록 '192.168.1.0/24의
넥스트 홉은 192.168.0.1'

Point

✔ 원격 네트워크의 경로 정보를 등록하는 방법은 두 가지다.
- 스태틱 라우팅
- 라우팅 프로토콜

✔ 스태틱 라우팅은 네트워크 주소/서브넷 마스크와 넥스트 홉 주소를 커맨드 입력해서 등록한다.

✔ 라우팅 프로토콜은 라우터끼리 정보를 교환해 경로 정보를 등록한다.

방대한 경로 정보를 모아서 등록하는 방법

하나씩 등록하기는 힘들다 ///////////////////////////////

라우터의 라우팅 테이블에는 전송 가능성이 있는 모든 네트워크의 경로 정보가 필요합니다.

하지만, 모든 네트워크의 경로 정보를 라우팅 테이블에 등록하기는 어렵습니다. 예를 들어, 대규모 기업 네트워크라면 수백에서 1,000개 이상의 네트워크가 있는 경우도 있습니다. 또한, 인터넷상에는 다 셀 수 없을 정도로 방대한 네트워크가 있습니다.

경로를 요약해서 등록 ///////////////////////////////

원격 네트워크로 향하는 라우팅 동작을 고려하면, 방대한 수의 경로 정보를 라우팅 테이블에 하나씩 등록하는 것이 그다지 의미가 없는 경우도 있습니다. 라우팅 동작은 이웃 라우터(넥스트 홉)까지만 보내면 되니까요. 그 때문에 넥스트 홉이 똑같은 네트워크를 일일이 등록하는 것은 의미가 별로 없습니다.

그래서 **경로 요약**이 고안됐습니다(그림 6-12). 넥스트 홉이 공통인 원격 네트워크의 경로 정보를 하나로 모아 등록할 수 있습니다. 경로를 요약하면 라우팅 테이블을 깔끔하게 정리할 수 있습니다. 스태틱 라우팅으로 설정할 때 경로 요약을 하면, 설정하는 항목을 줄일 수 있습니다. 라우팅 프로토콜이면 라우터끼리 주고받는 라우트 정보를 줄여서 네트워크에 쓸데없는 부담을 주지 않아도 됩니다.

그림 6-12 경로 요약의 예

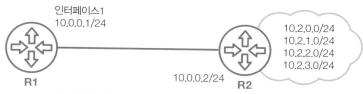

인터페이스1
10.0.0.1/24

10.2.0.0/24
10.2.1.0/24
10.2.2.0/24
10.2.3.0/24

R1

10.0.0.2/24　R2

R1 라우팅 테이블

NW/SM	넥스트 홉	출력 인터페이스
10.2.0.0/24	10.0.0.2	인터페이스1
10.2.1.0/24	10.0.0.2	인터페이스1
10.2.2.0/24	10.0.0.2	인터페이스1
10.2.3.0/24	10.0.0.2	인터페이스1

넥스트 홉이 모두 공통
↓
4개의 원격 네트워크의 경로 정보를 하나씩 라우팅
테이블에 등록해도 그다지 의미가 없다.

Chapter 6

경로 요약으로 모아서 등록

출발지 IP :
10.2.0.0/24 or 10.2.1.0/24 or
10.2.2.0/24 or 10.2.3.0/24　IP

10.2.0.0/24 ~ 10.2.3.0/24로 가는 패킷은 요약
경로를 이용해서 넥스트 홉 10.0.0.2로 전송

인터페이스1
10.0.0.1/24

10.2.0.0/24
10.2.1.0/24
10.2.2.0/24
10.2.3.0/24

R1

10.0.0.2/24　R2

R1 라우팅 테이블

NW/SM	넥스트 홉	출력 인터페이스
10.2.0.0/16	10.0.0.2	인터페이스1

원격 네트워크를 하나의 경로 정보로 집약

※ NW는 네트워크 주소를 나타낸다.
※ SM은 서브넷 마스크를 나타낸다.

Point

✔ 경로 요약으로 복수의 네트워크 주소를 하나로 모아 라우팅 테이블에 등록한다.

✔ 경로 요약을 시행하면, 라우팅 테이블을 깔끔하게 정리할 수 있다.

경로 정보를 최대한으로 줄이는 방법

모든 네트워크를 집약

경로 요약을 가장 극단적으로 적용한 것이 **디폴트 경로**입니다. 디폴트 경로는 '0.0.0.0/0'으로 나타내는 경로 정보로, 모든 네트워크를 집약했습니다. 결국, 디폴트 경로를 라우팅 테이블에 등록해 두면, 모든 네트워크의 경로 정보를 등록한 게 됩니다.

'미지의 네트워크로 가는 패킷을 전송하기 위한 경로 정보'라는 흔히 볼 수 있는 디폴트 경로에 관한 설명은 올바르지 않습니다. 디폴트 경로는 모든 네트워크를 나타냅니다. 그러므로 디폴트 경로를 라우팅 테이블에 등록한 라우터에는 미지의 네트워크는 없습니다. 다만, 매우 모호한 정보로서 등록되어 있게 됩니다.

디폴트 경로 이용 예

인터넷으로 패킷을 라우팅하기 위해, 디폴트 경로를 라우팅 테이블에 등록하는 경우가 많습니다. 인터넷에는 방대한 수의 네트워크가 존재하지만, 패킷을 라우팅할 때 넥스트 홉이 대부분 공통으로 되어 있습니다. 그래서 인터넷에 존재하는 방대한 수의 네트워크를 디폴트 경로로 모두 집약해서 라우팅 테이블에 등록합니다(그림 6-13).

또한, 기업의 소규모 거점의 라우터에서는 다른 거점의 사내 네트워크와 인터넷 네트워크를 디폴트 경로로 집약하기도 합니다.

그림 6-13 디폴트 경로 이용 예

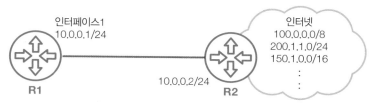

인터페이스1
10.0.0.1/24

인터넷
100.0.0.0/8
200.1.1.0/24
150.1.0.0/16
⋮

R1

10.0.0.2/24
R2

R1 라우팅 테이블

NW/SM	넥스트 홉	출력 인터페이스
0.0.0.0/0	10.0.0.2	인터페이스1

인터넷의 방대한 네트워크 주소를 집약해서 디폴트
경로를 라우팅 테이블에 등록

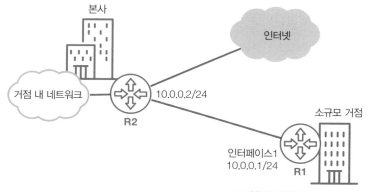

본사

인터넷

거점 내 네트워크

10.0.0.2/24
R2

소규모 거점

인터페이스1
10.0.0.1/24
R1

R1 라우팅 테이블

NW/SM	넥스트 홉	출력 인터페이스
0.0.0.0/0	10.0.0.2	인터페이스1

인터넷의 방대한 네트워크 주소와 다른 거점의
네트워크를 디폴트 경로 요약

※ NW는 네트워크 주소를 나타낸다.
※ SM은 서브넷 마스크를 나타낸다.

Point

✔ 디폴트 경로는 '0.0.0.0/0'으로 나타내는 모든 네트워크를 집약한 궁극의 집약 경로

✔ 인터넷으로 라우팅하기 위한 경로 정보로서 디폴트 경로를 이용하는 경우가 많다.

라우터와 레이어2 스위치의 기능을 가진 데이터 전송 기기

레이어3 스위치의 개요

레이어3 스위치는 레이어2 스위치에 라우터 기능을 추가한 네트워크 기기입니다. 그 때문에 레이어2 스위치처럼 데이터 전송도 할 수 있고, 라우터처럼 데이터 전송도 할 수 있습니다. 레이어3 스위치의 외관은 레이어2 스위치와 매우 흡사합니다. 레이어2 스위치처럼 많은 이더넷 인터페이스를 갖춘 네트워크 기기입니다.

레이어2 스위치와 라우터의 데이터 전송 특징을 [표 6-2]에 정리했습니다.

레이어2 스위치로도 라우터로도 사용할 수 있다

레이어3 스위치는 같은 네트워크로 데이터를 전송할 때는 레이어2 스위치처럼 MAC 주소를 기반으로 전송합니다. 반면에, 다른 네트워크로 데이터를 전송할 때는 라우터처럼 IP 주소를 기반으로 전송합니다.

[그림 6-14]에서는 레이어3 스위치가 네트워크1(192.168.1.0/24)과 네트워크 2(192.168.2.0/24)를 서로 연결하고 있습니다. 그리고 PC1과 PC2는 같은 네트워크 에 있고 PC3는 다른 네트워크에 있습니다.

이런 네트워크 구성을 하기 위해, 레이어3 스위치는 VLAN(Virtual LAN) 기능을 이용합니다. 레이어3 스위치의 메커니즘을 알기 위해서는 VLAN을 이해하는 것이 필수입니다. VLAN에 관해서는 [6-13] 이후에서 설명합니다.

표 6-2 레이어2 스위치와 라우터의 데이터 전송 특징

특징	레이어2 스위치	라우터
데이터	이더넷 프레임	IP 패킷
데이터 전송범위	동일 네트워크	다른 네트워크
전송을 위한 테이블	MAC 주소 테이블	라우팅 테이블
전송 시 참조하는 주소	MAC 주소	IP 주소
테이블에 필요한 정보가 없을 때의 동작	데이터 플러싱	데이터 폐기

그림 6-14 레이어3 스위치의 개요

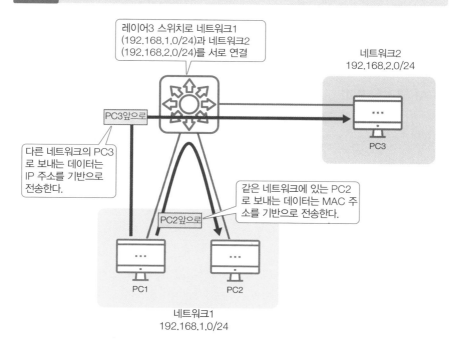

레이어3 스위치로 네트워크1
(192.168.1.0/24)과 네트워크2
(192.168.2.0/24)를 서로 연결

네트워크2
192.168.2.0/24

PC3앞으로

다른 네트워크의 PC3
로 보내는 데이터는
IP 주소를 기반으로
전송한다.

PC3

같은 네트워크에 있는 PC2
로 보내는 데이터는 MAC 주
소를 기반으로 전송한다.

PC2앞으로

PC1   PC2

네트워크1
192.168.1.0/24

Point

✔ 레이어2 스위치에 라우터 기능을 내장한 네트워크 기기가 레이어3 스위치

✔ 같은 네트워크에서 데이터를 전송할 때는 레이어2 스위치, 다른 네트워크 간에 데이터를
전송할 때는 라우터처럼 전송한다.

레이어2 스위치로 네트워크를 분할한다

네트워크를 복수로 분할한다 \\

레이어2 스위치는 하나의 이더넷 네트워크를 구성하는 네트워크 기기입니다. 하나의 네트워크에 수많은 기기를 연결하면 불필요한 데이터 전송이 많이 발생하게 됩니다. 불필요한 데이터 전송을 억제하고, 보안이나 관리면에서 네트워크를 분할할 필요가 있습니다.

레이어2 스위치는 보통은 '하나'의 네트워크를 구성하지만, 레이어2 스위치에서 네트워크를 복수로 분할할 수 있게 하는 것이 **VLAN**입니다.

VLAN의 동작 원리 \\

VLAN의 동작 원리 자체는 아주 단순합니다. 일반 레이어2 스위치는 모든 포트 사이에서 이더넷 프레임을 전송할 수 있습니다. 그것을 VLAN으로 나누어 '같은 VLAN에 할당한 포트끼리만 이더넷 프레임을 전송'하도록 합니다.

간단한 네트워크 구성을 예로 들어 VLAN의 동작 원리를 생각해 봅시다.

[그림 6-15]는 1대의 레이어2 스위치에서 VLAN을 이용한 예입니다. 레이어2 스위치에서 VLAN10과 VLAN20을 만들고, 포트1과 포트2를 VLAN10에 할당합니다. 또한, 포트3과 포트4는 VLAN20에 할당합니다. 그러면, VLAN10의 포트1과 포트2 사이에서만 이더넷 프레임을 전송할 수 있고, VLAN20의 포트3과 포트4 사이에서만 이더넷 프레임을 전송할 수 있게 됩니다. VLAN이 다른 포트 사이에서는 이더넷 프레임을 전송할 수 없습니다.

그림6-15 VLAN의 개요

MAC 주소 테이블

포트	MAC 주소	VLAN
1	A	10
2	B	10
3	C	20
4	D	20

이더넷 프레임을 전송할 때는 수신 포트와 같은 VLAN 포트의 MAC 주소를 참조한다.

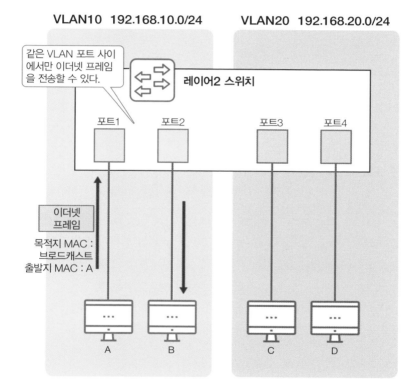

VLAN10 192.168.10.0/24   VLAN20 192.168.20.0/24

같은 VLAN 포트 사이에서만 이더넷 프레임을 전송할 수 있다.

레이어2 스위치

포트1   포트2   포트3   포트4

이더넷 프레임

목적지 MAC : 브로드캐스트
출발지 MAC : A

A   B   C   D

Point

✔ VLAN으로 레이어2 스위치에서 네트워크를 분할할 수 있다.

✔ 같은 VLAN에 할당된 포트 사이에서만 이더넷 프레임을 전송한다.

VLAN을 사용하는 이유

VLAN은 레이어2 스위치를 분할한다 //

VLAN에 관해 이해하기 쉽게 설명하면, 레이어2 스위치를 가상으로 분할하는 것입니다. [6-13]의 예에서는 VLAN10과 VLAN20이라는 두 개의 VLAN을 만들었습니다. 그렇게 하면, 1대의 레이어2 스위치를 가상으로 2대의 스위치로 다룰 수 있습니다. 분할한 VLAN의 스위치가 될 포트는 설정하기 나름으로 자유롭게 결정할 수 있습니다(그림 6-16).

또한, VLAN별 스위치 사이는 연결되어 있지 않으므로, 네트워크를 분할하여 VLAN 간의 데이터를 분리합니다. VLAN의 장점으로서 보안 향상을 드는 경우도 있습니다. 그 이유는 데이터가 전송되는 범위를 제한할 수 있기 때문입니다.

VLAN은 네트워크를 분할할 뿐이다 //

라우터로도 네트워크를 분할합니다. 단, 라우터로 분할된 네트워크는 라우터로 서로 연결되어 있습니다.

반면에 VLAN의 경우는 네트워크를 '분할하기만 한다'는 점에 주의하세요.

VLAN으로 분할한 네트워크가 서로 통신하기 위해서는 라우터와 레이어3 스위치가 필요합니다. 라우터 또는 레이어3 스위치를 이용하여 VLAN으로 분할한 네트워크를 서로 연결합니다. VLAN끼리 연결해서 서로 통신할 수 있게 하는 것을 VLAN 간 라우팅이라고 부릅니다. VLAN 간 라우팅은 [6-17]에서 다시 설명합니다.

그림6-16 VLAN으로 레이어2 스위치를 분할

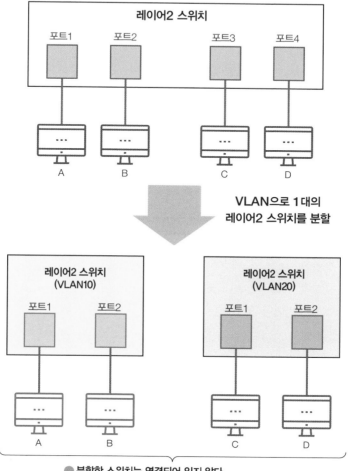

VLAN으로 1대의
레이어2 스위치를 분할

Chapter
6

● 분할한 스위치는 연결되어 있지 않다
● 포트는 설정에서 자유롭게 결정할 수 있다.

Point

✔ VLAN으로 레이어2 스위치를 가상으로 네트워크를 분할할 수 있다.

✔ VLAN으로 분할된 레이어2 스위치끼리는 연결되어 있지 않으므로, VLAN이 다르면 통신할 수 없다.

태그 VLAN, IEEE802.1Q

복수의 접속선을 한 줄로 깔끔하게 정리한다

복수의 스위치로 VLAN을 만든다

VLAN은 1대뿐만 아니라 복수의 스위치에 걸쳐서 만들 수도 있습니다. 단, VLAN의 동작 원리상 복수의 스위치로 VLAN을 만들 때에는 스위치 간의 연결이 VLAN마다 필요합니다. VLAN이 두 개 있으면, 스위치 사이를 두 줄로 연결해야만 합니다. 스위치 사이를 효율적으로 연결하기 위해서 **태그 VLAN**(태그 VLAN은 '트렁크'라고도 불립니다) 포트가 있습니다.

태그 VLAN

태그 VLAN 포트를 이용해 복수의 레이어2 스위치로 VLAN을 구성할 때, 레이어2 스위치 간의 접속을 한 줄로 해결할 수 있습니다.

태그 VLAN 포트는 복수의 VLAN에 할당되어, 복수의 VLAN 이더넷 프레임을 전송할 수 있는 포트입니다.

[그림 6-17]에서 보면, 태그 VLAN 포트는 VLAN10의 포트이기도 하고 VLAN20의 포트이기도 합니다.

태그 VLAN 포트로 송수신하는 이더넷 프레임에는 **VLAN 태그**가 추가됩니다. VLAN 태그로 스위치 사이에 전송되는 이더넷 프레임이 원래 어느 VLAN의 이더넷 프레임인지 알 수 있습니다. 레이어2 스위치는 VLAN 태그로 VLAN을 식별하고, VLAN의 기본 동작 방식인 동일 VLAN 포트끼리 이더넷 프레임을 전송합니다.

VLAN 태그는 **IEEE802.1Q**로 규정되어 있습니다. 태그 VLAN 포트에서 다루는 이더넷 프레임에는 [그림 6-18]처럼 헤더 부분에 VLAN 태그가 추가되어 VLAN을 식별할 수 있게 했습니다.

그림6-17 스위치간 접속

[2대의 스위치에 걸쳐 VLAN10과 VLAN20을 구성]

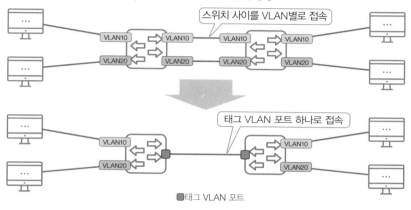

● 태그 VLAN 포트

그림6-18 IEEE802.1Q 태그

[이더넷 프레임]

[VLAN 태그가 붙은 이더넷 프레임]

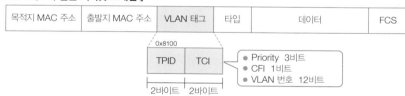

Point

✔ 복수의 스위치로 VLAN을 구성할 때 스위치 간의 접속을 태그 VLAN 포트 하나로 정리할 수 있다.

✔ 태그 VLAN 포트에서 다루는 이더넷 프레임에는 VLAN 태그가 추가된다.

기기 추가나 배선을 변경하지 않고 네트워크를 바꾼다

포트는 하나라도 //

태그 VLAN 포트를 이해하기 쉽게 생각하면, '할당한 VLAN별로 분할할 수 있는 포트'입니다. 레이어2 스위치로 두 개의 VLAN을 만들었으면, 태그 VLAN 포트는 그 두 개의 VLAN 포트로서 분할하여 사용할 수 있게 됩니다.

VLAN은 스위치를 분할, 태그 VLAN은 포트를 분할 ////////////////////////////

VLAN과 태그 VLAN에 관해 정리해봅시다.

- ◆ VLAN : 레이어2 스위치를 가상으로 분할한다.
- ◆ 태그 VLAN : 포트를 VLAN별로 가상으로 분할한다.

[그림 6-19]에서는 VLAN10과 VLAN20을 설정한 두 대의 레이어2 스위치를 태그 VLAN 포트인 포트8로 연결했습니다. 이 네트워크 구성은 포트8로 연결된 두 대의 레이어2 스위치가 두 조 있는 것처럼 다룰 수 있습니다. 그리고 이 두 조의 레이어2 스위치끼리의 접속은 완전히 분리되어 있습니다. VLAN은 네트워크를 분할하기 위한 기술입니다.

설정으로 자유롭게 결정할 수 있다 //

레이어2 스위치에서 만든 VLAN은 설정으로 자유롭게 결정할 수 있습니다. 또한, 어느 포트를 어느 VLAN에 할당할지와 태그 VLAN 포트 등도 설정으로 자유롭게 결정할 수 있습니다. VLAN과 관련 포트 설정에 따라, 기기 추가나 배선 변경 등을 하지 않고도 네트워크를 몇 개로 할지 자유롭게 결정할 수 있습니다. 즉, VLAN을 이용하면 네트워크를 유연하게 구성할 수 있다는 장점이 있습니다.

그림 6-19   VLAN과 태그 VLAN

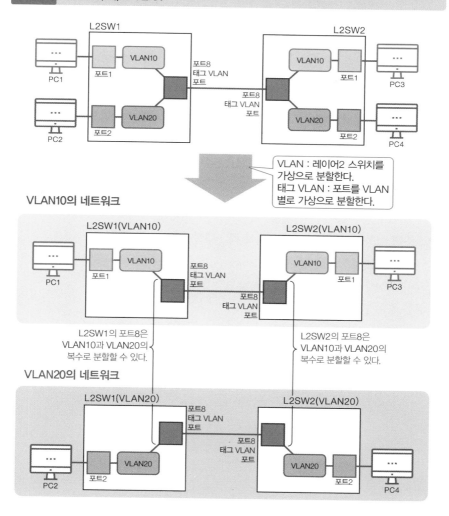

VLAN : 레이어2 스위치를 가상으로 분할한다.
태그 VLAN : 포트를 VLAN 별로 가상으로 분할한다.

VLAN10의 네트워크

L2SW1의 포트8은 VLAN10과 VLAN20의 복수로 분할할 수 있다.

L2SW2의 포트8은 VLAN10과 VLAN20의 복수로 분할할 수 있다.

VLAN20의 네트워크

Point

✔ 태그 VLAN 포트는 하나의 포트를 VLAN별로 분할해서 사용할 수 있게 한다.

✔ VLAN 설정에 따라서 네트워크를 어떻게 분할할지 자유롭게 결정할 수 있다.

분할한 네트워크끼리 연결하는 방법

VLAN은 네트워크를 나누기만 한다 ////////////////////////////////////

레이어2 스위치의 VLAN은 '네트워크를 분할하기만 할 뿐'입니다. VLAN 간 통신을
위해서는 VLAN을 서로 연결해야 합니다. VLAN을 서로 연결해서 VLAN끼리 통
신할 수 있게 하는 것을 **VLAN 간 라우팅**이라고 부릅니다. VLAN 간 라우팅을 실현
하려면, 라우터 또는 레이어3 스위치가 필요합니다. 덧붙여, 라우터보다는 레이어3
스위치를 이용하는 편이 효율적으로 VLAN 간 라우팅을 할 수 있습니다.

IP 주소를 설정하면 네트워크(VLAN)를 연결한다 ////////////////////////////

애초에 IP 주소를 설정해야 네트워크(VLAN)가 연결됩니다. 레이어3 스위치로 네트
워크(VLAN)를 연결하려면, 레이어3 스위치에 IP 주소를 설정해야 합니다. IP 주소
를 설정하는 수단은 다음 두 가지입니다.

- ◆ 레이어3 스위치 내부의 **가상 인터페이스(VLAN 인터페이스)**에 IP 주소를 설정한다.
- ◆ 레이어3 스위치의 포트 자체에 IP 주소를 설정한다.

레이어3 스위치 내부에는 가상 라우터가 포함되어 있어, 그 라우터에 IP 주소를 설정
하는 듯한 이미지입니다(그림 6-20).

그림 6-20 레이어3 스위치의 IP 주소 설정 예

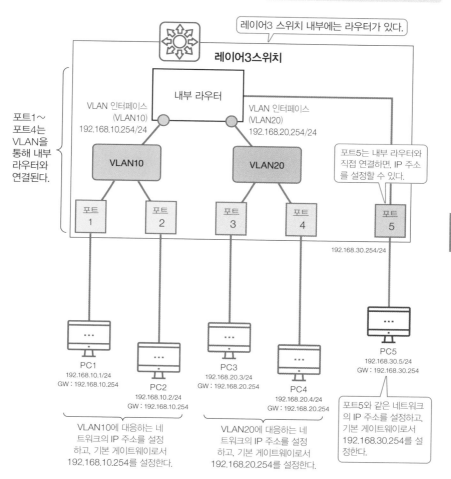

레이어3 스위치 내부에는 라우터가 있다.

레이어3스위치

내부 라우터

VLAN 인터페이스
(VLAN10)
192.168.10.254/24

VLAN 인터페이스
(VLAN20)
192.168.20.254/24

포트1~
포트4는
VLAN을
통해 내부
라우터와
연결된다.

VLAN10

VLAN20

포트5는 내부 라우터와
직접 연결하면, IP 주소
를 설정할 수 있다.

포트
1

포트
2

포트
3

포트
4

포트
5

Chapter
6

192.168.30.254/24

PC5
192.168.30.5/24
GW : 192.168.30.254

PC1
192.168.10.1/24
GW : 192.168.10.254

PC2
192.168.10.2/24
GW : 192.168.10.254

PC3
192.168.20.3/24
GW : 192.168.20.254

PC4
192.168.20.4/24
GW : 192.168.20.254

포트5와 같은 네트워크
의 IP 주소를 설정하고,
기본 게이트웨이로서
192.168.30.254를 설
정한다.

VLAN10에 대응하는 네
트워크의 IP 주소를 설정
하고, 기본 게이트웨이로서
192.168.10.254를 설정한다.

VLAN20에 대응하는 네
트워크의 IP 주소를 설정
하고, 기본 게이트웨이로서
192.168.20.254를 설정한다.

Point

✔ 레이어3 스위치를 이용하면 라우터보다 효율적으로 VLAN끼리 연결할 수 있다.

✔ 레이어3 스위치에 IP 주소를 설정해서 VLAN을 연결한다.
  • 레이어3 스위치 내부의 가상 인터페이스에 IP 주소를 설정
  • 레이어3 스위치의 포트 자체에 IP 주소를 설정

PC에도 라우팅 테이블이 있다

라우터와 레이어3 스위치뿐만이 아니다

지금까지 라우팅에 관해 라우터 또는 레이어3 스위치를 중심으로 설명했습니다. 단, 라우팅은 라우터와 레이어3뿐만 아니라 일반 PC에서도 이루어집니다. PC나 서버 등 TCP/IP를 이용하는 모든 기기에는 라우팅 테이블이 있고, 라우팅 테이블에 따라 라우팅합니다.

모르는 네트워크에는 보낼 수 없다

PC에서도 라우팅 원칙은 라우터와 같습니다. 라우팅 테이블에 기재되지 않은 네트워크로는 IP 패킷을 보낼 수 없습니다. PC의 라우팅 테이블에 IP 패킷을 전송하고 싶은 모든 네트워크를 등록해 두어야 합니다. 하지만, 하나씩 모든 경로 정보를 등록하는 것은 도저히 불가능합니다. 또 그렇게 하는 의미도 없습니다.

디폴트 경로로 모아서 등록

PC의 라우팅 테이블에는 너무 자세히 경로 정보를 등록하지 않습니다. 등록할 경로 정보는 기본적으로는 다음 두 가지입니다.

◆ 직접 접속 경로 정보 : IP 주소 설정
◆ 디폴트 경로 : 기본 게이트웨이의 IP 주소 설정

IP 주소를 설정함으로써, PC가 직접 접속된 네트워크의 경로 정보가 라우팅 테이블에 등록됩니다. 그리고, PC 자신이 연결되어 있는 네트워크 이외는 전부 '0.0.0.0/0'인 디폴트 경로로 모아서 등록합니다. 그 설정이 **기본 게이트웨이**의 IP 주소 설정입니다(그림 6-21).

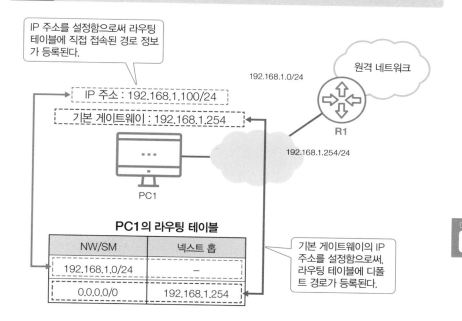

그림 6-21 PC의 라우팅 테이블

IP 주소를 설정함으로써 라우팅 테이블에 직접 접속된 경로 정보가 등록된다.

원격 네트워크

192.168.1.0/24

R1

192.168.1.254/24

IP 주소 : 192.168.1.100/24

기본 게이트웨이 : 192.168.1.254

PC1

PC1의 라우팅 테이블

NW/SM	넥스트 홉
192.168.1.0/24	–
0.0.0.0/0	192.168.1.254

기본 게이트웨이의 IP 주소를 설정함으로써, 라우팅 테이블에 디폴트 경로가 등록된다.

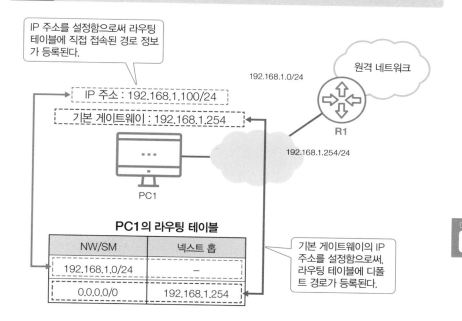

Point

✔ PC와 서버에도 라우팅 테이블이 있고, 라우팅 테이블에 따라 IP 패킷을 전송한다.

✔ IP 주소를 설정함으로써 PC의 라우팅 테이블에 직접 접속된 경로 정보가 등록된다.

✔ 기본 게이트웨이의 IP 주소를 설정함으로써, PC의 라우팅 테이블에 모든 네트워크를 집약한 디폴트 경로가 등록된다.

실습코너

라우팅 테이블의 내용을 확인하자

윈도우 PC의 라우팅 테이블 내용을 확인해봅시다.

1. IP 주소와 디폴트게이트웨이의 IP 주소 확인

3장 '실습코너' 순서대로 IP 주소 / 서브넷 마스크, 기본 게이트웨이의 IP 주소 설정을 확인하고 아래에 적어보세요.

> IP 주소 / 서브넷 마스크:
>
> 기본 게이트웨이의 IP 주소:

2. 라우팅 테이블 표시

명령 프롬프트에서 'route print'라고 명령을 실행하면, 라우팅 테이블이 표시됩니다. 1에서 확인한 설정과 비교해 보고, 직접 접속된 경로 정보와 디폴트 경로가 등록되어 있는 것을 확인합시다.

그림6-22 라우팅 테이블의 예

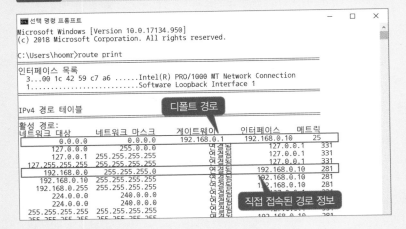

Ch>>> **7**

네트워크
보안 기술

네트워크를 공격으로부터 지켜내자

접속하는 사용자와 기기를 제한하는 3가지 방법

누가 접속했는가?

네트워크에 아무나 무제한으로 접속시킬 수는 없습니다. 접속 대상을 제한하려면, 네트워크에 접속하는 사용자와 기기를 제대로 확인할 필요가 있습니다. 확인을 위해서는 '**인증**'이란 방법을 사용합니다.

인증의 개요

인증이란 네트워크와 시스템을 이용하는 사용자 또는 기기가 정식으로 등록됐는지 확인하는 절차입니다. 인증을 통해 정식 사용자 이외에는 네트워크나 시스템에 접근할 수 없게 합니다(그림 7-1). 인증은 보안 대책에서 가능 기본적이고 중요한 수단입니다.

우선, 사용자가 알고 있는 정보로 인증하는 방법입니다. 일반적으로 **패스워드 인증**을 사용합니다. 또 '정식 사용자라면 당연히 자신의 패스워드를 알고 있을 것'으로 생각하는 것입니다.

또한, IC 카드 등 해당 사용자만 가진 **물건으로 인증**하는 방법이 있습니다. 예를 들어, IC 카드가 내장된 사원증을 배포해 둡니다. '정식 사용자라면 당연히 IC 카드를 가지고 있을 것'이므로, 사원증으로 정식 사용자임을 확인할 수 있습니다.

그리고, 사용자의 신체적 특징을 이용한 인증이 있습니다. 지문이나 망막 등 개인의 신체적 특징을 미리 등록해 둡니다. '정식 사용자라면 당연히 미리 등록해 둔 신체의 특징과 같을 것'이므로 신체의 특징으로 정식 사용자임을 확인할 수 있습니다. 이처럼 신체의 특징을 이용하는 인증을 **바이오메트릭스 인증**이라고도 부릅니다.

그림 7-1 인증의 개요

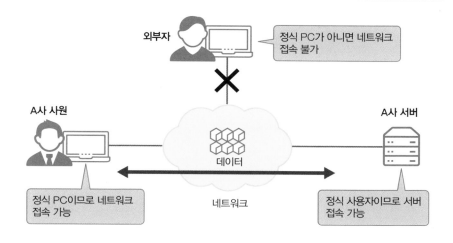

외부자

정식 PC가 아니면 네트워크
접속 불가

A사 사원

데이터

A사 서버

정식 PC이므로 네트워크
접속 가능

네트워크

정식 사용자이므로 서버
접속 가능

그림 7-2 인증 요소

사용자만 아는 정보　　사용자만 가진 물건　　사용자의 신체적 특징

abc_123!

패스워드　　　IC 카드 기능이 있는 사원증　　지문　　망막

Point

✔ 인증을 통해 네트워크나 시스템의 사용자 또는 기기가 정식으로 등록되어 있는지 확인한다.

✔ 주요 인증 요소
  • 사용자만 아는 정보
  • 사용자만 가진 물건
  • 사용자의 신체적 특징(바이오메트릭스)

데이터 도청을 방지하는 기술

제3자에게 데이터가 유출될 위험성이 있다

네트워크 상에서 전송되는 데이터는 제3자에게 도청(유출)될 위험이 있습니다. 특히 인터넷 상에서 전송될 때에는 도청될 위험이 커집니다. 데이터 도청을 방지하기 위해서는 데이터를 **암호화**할 필요가 있습니다.

데이터 암호화

데이터를 암호화함으로써 정식 사용자 이외에는 그 데이터의 내용을 판별할 수 없게 합니다. 만일, 네트워크 상에서 전송될 때 제3자에게 도청되더라도 데이터의 내용을 판별할 수 없는 것입니다(그림 7-3).

암호화하기 전의 데이터를 **평문**이라고 부릅니다. 평문을 암호화하기 위해서 **암호키**를 이용합니다. 암호키란 특정한 비트 수로 된 수치입니다. 암호화란 평문과 암호키로 수학적 연산을 거쳐 암호화된 데이터인 **암호문**을 생성하는 것을 뜻합니다.

데이터 복호

또한, 암호문과 암호키를 이용해 암호화와는 반대로 연산하면 원래 평문이 됩니다. 암호화된 것을 원래 평문으로 되돌리는 조작을 **복호**라고 부릅니다. 그리고, 암호화 및 복호화를 할 때의 수학적 연산을 **암호화 알고리즘**으로 부릅니다(그림 7-4).

그림7-3   암호화의 개요

정식 사용자

암호화해서 전송

Hello   ➡️   a!?1021   ➡️   Hello

제3자가 도청해도 데이터의
내용을 판별할 수 없다

Chapter
7

그림7-4   암호화와 복호

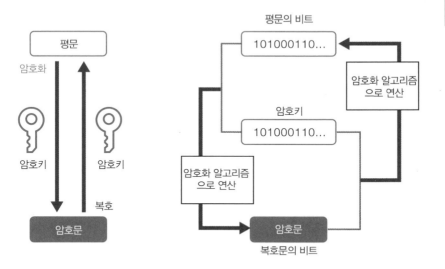

평문

암호화

암호키   암호키

복호

암호문

평문의 비트

101000110...

암호화 알고리즘
으로 연산

암호키

101000110...

암호화 알고리즘
으로 연산

암호문

복호문의 비트

Point

✔ 데이터를 암호화해 데이터가 도청되는 것을 막는다.

키 하나로 데이터를 관리한다

암호키를 이용한 암호화 기술은 주로 두 가지가 있습니다.

공통키 암호 방식

공통키 암호 방식이란 암호화와 복호화에 같은 암호키를 이용하는 암호화 방식입니다. 공통키 암호 방식은 **대칭키 암호방식**과 **비밀키 암호방식** 등으로도 불립니다.

공통키 암호 방식은 데이터의 암호화와 복호의 처리 부하가 작다는 장점이 있습니다. 반면에, 암호키의 공유가 어렵다는 커다란 단점이 있습니다. 데이터를 암호화하고 복호하기 위해서는, 데이터를 보내는 사람과 받는 사람 사이에 미리 암호키를 공유하고 있어야 합니다. 암호키는 제3자에게 알려져선 안됩니다. 어떻게 암호키를 안전하게 송신자와 수신자가 공유하는지가 공통키 암호 방식의 가장 중요한 과제입니다(그림 7-5).

키 배송 문제

암호키는 일단 공유한다고 그걸로 끝이 아닙니다. 암호 해독의 가장 좋은 단서는 규칙성입니다. 같은 암호키를 계속 사용하면, 암호 데이터의 규칙성에서 암호가 해독될 위험이 커집니다. 즉, 암호키를 정기적으로 갱신할 필요가 있습니다. 데이터 송신자와 수신자 사이에서 어떻게 암호키를 공유하고 갱신하는지를 가리켜 **키 배송 문제**라고 합니다.

공통 암호 방식의 알고리즘

주요 공통키 암호 방식의 알고리즘으로는 **3DES**와 **AES**가 있습니다. 현재는 AES가 널리 이용되고 있습니다.

그림 7-5 공통키 암호 방식

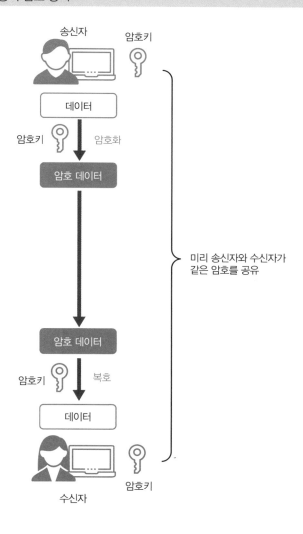

송신자   암호키

데이터

암호키   암호화

암호 데이터

미리 송신자와 수신자가
같은 암호를 공유

암호 데이터

암호키   복호

데이터

수신자   암호키

Point

✔ 공통키 암호 방식은 암호화와 복호에 같은 암호키를 이용한다.

✔ 공통키 암호 방식에는 암호키를 어떻게 공유하고 갱신하는가 하는 키 배송 문제가 있다.

2개의 키로 데이터를 관리한다

암호화와 복호에 다른 키를 사용한다 \\\

공통키 암호 방식에서는 키 배송이 큰 문제입니다. 그 문제를 해결하는 획기적인 암호화 방식이 **공개키 암호 방식**입니다.

공개키 암호 방식에서는 우선 암호키 쌍을 만들어야 합니다. 암호키 쌍은 일반적으로 공개키와 비밀키로 불립니다. **공개키**와 **비밀키**에는 수학적인 연관성이 있습니다. 따라서, 공개키는 공개해도 상관없지만, 비밀키는 제3자에게 알려지지 않도록 엄중히 관리해야만 합니다. 공개키와 비밀키에는 수학적인 연관성이 있으므로 공개키로부터 비밀키를 계산해 내는 일이 불가능하지 않기 때문입니다. 하지만, 현실적인 시간 내에서 계산하기는 매우 어려우므로, 공개키 암호로 암호화된 데이터가 해독될 위험은 아주 작습니다.

공개키로 암호화 \\\

데이터를 암호화해 송신할 경우, 송신자는 수신자가 공개한 공개키를 입수합니다. 그리고, 그 공개키로 데이터를 암호화해서 전송합니다. 수신자는 비밀키로 암호 데이터를 복호합니다(그림 7-6).

공개키로 데이터를 암호화한다는 것은 '누구나 암호화할 수 있다'는 것입니다. 누구나 암호화할 수 있지만, 복호할 수 있는 것은 비밀키를 가진 사용자뿐입니다.

누구나 암호화할 수 있지만, 제한된 사용자만 복호할 수 있는 공개키 암호 방식의 특징은 맹꽁이자물쇠와 같은 이미지입니다. 맹꽁이자물쇠를 잠그는 것은 아무나 할 수 있습니다. 하지만, 맹꽁이자물쇠를 열 수 있는 것은 자물쇠에 맞는 열쇠를 가진 사람뿐입니다. 여기서 맹꽁이자물쇠가 공개키에 해당하며, 맹꽁이자물쇠를 열기 위한 열쇠가 비밀키입니다(그림 7-7).

그림 7-6 공개키 암호 방식의 개요

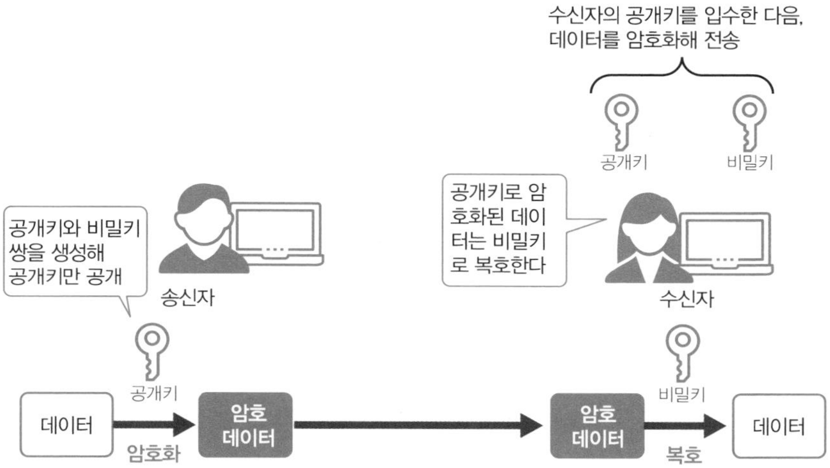

수신자의 공개키를 입수한 다음, 데이터를 암호화해 전송

공개키 · 비밀키

공개키와 비밀키 쌍을 생성해 공개키만 공개

송신자

공개키로 암호화된 데이터는 비밀키로 복호한다

수신자

데이터 → 공개키 / 암호화 → **암호 데이터** → **암호 데이터** → 비밀키 / 복호 → 데이터

그림 7-7 맹꽁이자물쇠로 잠근다

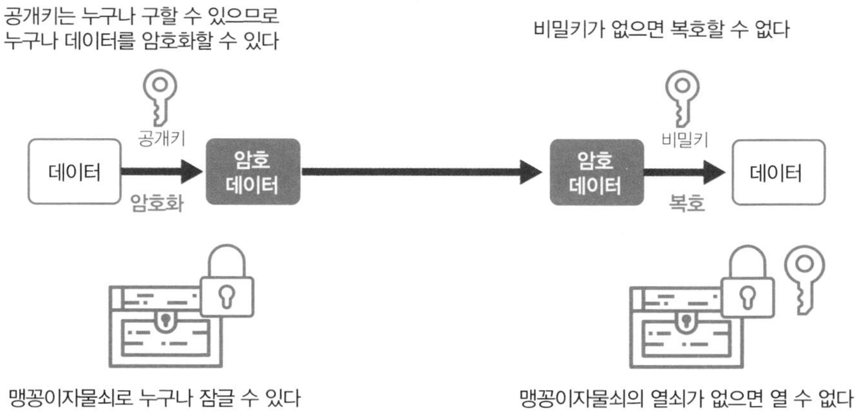

공개키는 누구나 구할 수 있으므로 누구나 데이터를 암호화할 수 있다

비밀키가 없으면 복호할 수 없다

데이터 → 공개키 / 암호화 → **암호 데이터** → **암호 데이터** → 비밀키 / 복호 → 데이터

맹꽁이자물쇠로 누구나 잠글 수 있다

맹꽁이자물쇠의 열쇠가 없으면 열 수 없다

Point

✔ 공개키 암호 방식은 암호화와 복호에 다른 키를 이용한다.

✔ 공개키로 암호화했으면 비밀키로만 복호할 수 있다.

암호화된 데이터로 암호화한 상대를 특정한다

비밀키로도 암호화할 수 있다

공개키 암호 방식을 설명할 때 앞에서 말한 '공개키로 암호화하고 비밀키로 복호한다'만 다루는 경우가 자주 있습니다. 하지만, 그것뿐만이 아닙니다. 비밀키로 암호화하고 공개키로 복호할 수도 있습니다.

비밀키로 암호화한 데이터를 공개키로 복호할 수 있다는 것은 데이터를 암호화한 사용자가 공개키에 대응하는 비밀키를 갖고 있다는 말이 됩니다.

[그림 7-8]처럼 암호화된 데이터를 수신한 사용자B가 사용자A의 공개키로 복호할 수 있다고 하겠습니다. 공개키로 복호할 수 있는 것은 비밀키로 암호화한 경우입니다. 사용자B는 데이터를 암호화해서 전송한 사람이 사용자 A라는 것을 확인할 수 있습니다.

단, '비밀키로 암호화해서 공개키로 복호'하는 구조에 앞에서 말한 맹꽁이자물쇠의 비유는 적용할 수 없습니다.

공개키 암호 방식의 알고리즘

공개키 암호 방식의 알고리즘은 **RSA 암호**와 **타원곡선 암호**의 두 가지가 자주 이용됩니다.

RSA 암호는 매우 큰 수의 소인수 분해가 어렵다는 점에 바탕을 두고, 공개키와 비밀키 쌍을 생성해 암호 데이터를 연산하는 알고리즘입니다.

타원곡선 암호는 타원곡선 상의 이산대수문제가 어렵다는 점에 바탕을 두고 공개키와 비밀키 쌍을 생성해 암호 데이터를 연산하는 알고리즘입니다.

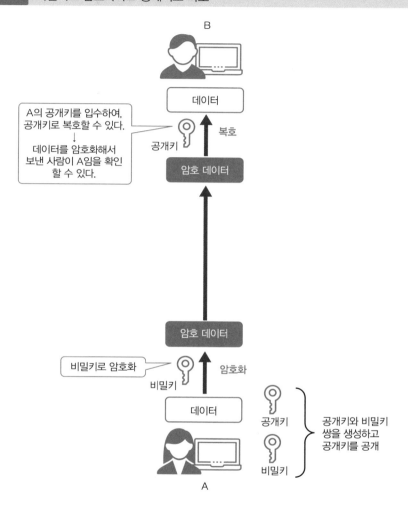

그림 7-8 비밀키로 암호화하고 공개키로 복호

B

데이터

A의 공개키를 입수하여, 공개키로 복호할 수 있다.
↓
데이터를 암호화해서 보낸 사람이 A임을 확인할 수 있다.

공개키 　복호

암호 데이터

암호 데이터

비밀키로 암호화 　암호화

비밀키

데이터

공개키

비밀키

공개키와 비밀키 쌍을 생성하고 공개키를 공개

A

Point

✔ 비밀키로 암호화한 경우, 공개키로만 복호할 수 있다.

✔ 어떤 사용자의 공개키로 암호 데이터를 복호할 수 있다면, 그 사용자는 비밀키를 가진 사용자 자신임을 확실히 알 수 있다.

데이터를 만든 상태방을 특정한다

디지털 서명 //

비밀키로 암호화한 데이터는 공개키로 복호할 수 있는 원리를 이용하여, 데이터를 보낸 곳과 데이터가 변조되지 않았음을 확인하기 위해 **디지털 서명**이 있습니다.

데이터 보낼 때 서명용 데이터를 추가해서 전송합니다. 수신하는 쪽에서 서명 데이터를 체크하면, 데이터가 변조되지 않았으며 보낸 사람이 누구인지 명확해집니다.

구체적인 디지털 서명의 내용은 데이터의 **해시값**을 비밀키로 암호화한 것입니다. 해시값이란 데이터로부터 정해진 순서대로 계산하여 얻은 고정 길이의 값입니다.

디지털 서명의 원리 //

데이터를 전송할 때 디지털 서명을 추가하는 경우를 가정해서, 디지털 서명으로 변조를 확인하고 송신자를 인증하는 메커니즘은 다음과 같습니다(그림 7-9).

❶ 송신자가 보낼 데이터에서 해시값을 생성한다.

❷ 생성한 해시값을 송신자의 비밀키로 암호화해 서명 데이터를 작성한다.

❸ 송신자는 데이터와 서명 데이터를 함께 수신자에게 전송한다.

❹ 수신자는 송신자의 공개키를 이용해 서명 데이터를 복호한다. 송신자의 공개키로 서명을 복호할 수 있다는 사실에서 송신자가 확실하게 대응하는 비밀키를 가지고 있음을 알 수 있다.

❺ 수신자는 수신한 데이터로부터 해시값을 생성한다.

❻ 수신자가 생성한 해시값과 서명의 해시값을 비교한다. 해시값이 같으면 데이터가 변조되지 않았음을 알 수 있다.

그림 7-9   디지털 서명

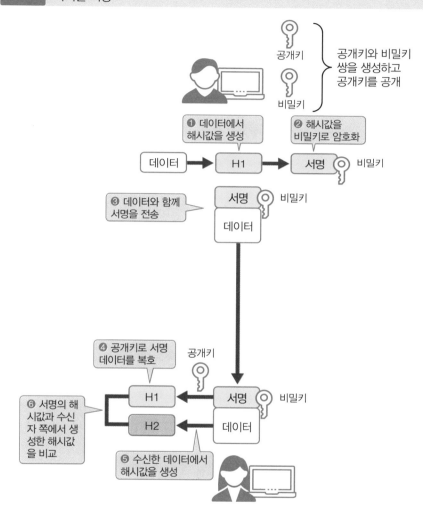

공개키

비밀키

공개키와 비밀키 쌍을 생성하고 공개키를 공개

❶ 데이터에서 해시값을 생성

❷ 해시값을 비밀키로 암호화

데이터 → H1 → 서명   비밀키

❸ 데이터와 함께 서명을 전송

서명   비밀키

데이터

❹ 공개키로 서명 데이터를 복호

공개키

❻ 서명의 해시값과 수신자 쪽에서 생성한 해시값을 비교

H1 ← 서명   비밀키

H2 ← 데이터

❺ 수신한 데이터에서 해시값을 생성

Chapter 7

Point

✔ 디지털 서명으로 데이터를 보낸 곳과 변조 여부를 확인할 수 있다.

✔ 디지털 서명은 데이터의 해시값을 비밀키로 암호화한 것.

암호화에 사용할 공개키는 진짜인가?

공개키는 진짜일까?

공개키 암호는 암호키 배송 문제를 해결한 획기적인 암호 방식입니다. 키를 배송할 필요가 없고, 공개된 공개키로 암호화하면 대응하는 비밀키를 가진 수신자가 데이터를 복호할 수 있습니다.

공개키 암호를 안심하고 이용하기 위해서는 공개키가 진짜라는 것을 확인해야만 합니다.

악의를 가진 제3자가 수신자가 되어, 공개키를 공개할 가능성이 있기 때문입니다. 그렇게 되면, 그 공개키로 암호화한 모든 데이터를 악의를 가진 제3자가 복호할 수 있게 됩니다.

디지털 인증서

그런 일을 방지하기 위해, 공개키가 진짜인지 확인하고 공개키 암호를 안전하게 이용하기 위한 인프라로서 **PKI**(Public Key Infrastructure의 줄임말)가 있습니다.

PKI에서는 **인증기관**(CA, Certification Authority)에서 발행한 **디지털 인증서**로 공개키 암호를 안전하게 이용할 수 있도록 하고 있습니다.

CA는 신뢰할 수 있는 제3자 기관입니다. 많은 CA가 존재하고 있으며 CA끼리는 서로를 신뢰합니다. 디지털 인증서에는 공개키가 포함됩니다. CA에 디지털 인증서 발행을 신청하면, 신청 내용을 심사하여 디지털 인증서를 발행해 줍니다. 발행된 디지털 인증서는 서버 등에 설치해 이용합니다(그림 7-10).

디지털 인증서의 규격은 **X.509**가 일반적으로 이용됩니다.

그림 7-10 디지털 인증서 개요

❶ 공개키와 비밀키를 쌍으로 생성합니다. 비밀키는 엄중하게 관리해 두어야 합니다.
❷ 공개키와 소유자 정보를 CA에 보내서, 인증서 발행을 신청합니다. 인증서 발행 신청을
   CSR(Certificate Signaling Request)이라고 부릅니다.
❸ CA는 발행 신청이 접수되면, 소유자 정보를 심사해서 문제가 없으면 인증서를 생성합니다.
❹ 생성한 인증서를 신청한 조직에 발행합니다.
❺ 발행된 인증서를 이용할 서버 등에 설치합니다.

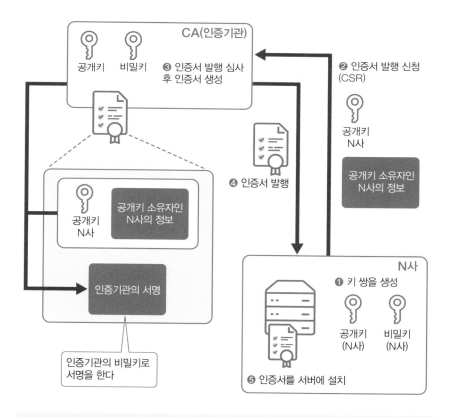

Point

✔ 공개키가 진짜임을 보증하는 디지털 인증서로 공개키 암호 방식을 안전하게 이용할 수 있
  게 하는 인프라를 PKI라고 한다.

✔ 디지털 인증서를 발행하는 신뢰할 수 있는 제3자 기관을 CA라고 한다.

✔ 디지털 인증서에는 CA가 보증하는 진짜 공개키가 포함되어 있다.

온라인 쇼핑의 안전성을 확보한다

개인정보를 전송해도 괜찮을까?

일상적으로 이용하는 온라인 쇼핑에는 위험한 요소가 가득합니다. 어쩌면 주소나 이름과 같은 개인 정보를 보내는 웹서버가 가짜일지도 모릅니다. 또 보낸 정보가 도청될 위험도 있습니다. 그래서 SSL이 중요해지기 시작했습니다.

SSL

SSL에서는 디지털 인증서로 통신 상대방이 진짜라는 것을 확인합니다. 그리고, 상대방에게 보내는 데이터를 암호화해서 도청을 방지합니다. SSL을 이용하면, 개인정보를 안심하고 보낼 수 있습니다.

SSL로 암호화한 웹사이트는 웹브라우저 주소창에 자물쇠 아이콘이 표시됩니다. 또한, URL은 'https://'로 시작합니다(그림 7-11).

SSL 암호화의 흐름

SSL 암호화는 공개키 암호 방식과 공통키 암호 방식을 조합한 **하이브리드 암호**입니다. SSL 통신은 서버의 디지털 인증서를 가져옵니다. 디지털 인증서를 체크함으로써, 그 서버가 진짜 서버가 맞는지 확인합니다. 디지털 인증서에는 서버의 공개키가 포함되어 있습니다. 공개키 암호를 사용하면 처리 부하가 크므로, 주고받는 애플리케이션의 데이터 자체를 공개키로 암호화하는 것은 아닙니다. 인증서에 포함된 공개키는 공통키를 안전하게 배송하기 위해 사용합니다. 공통키를 디지털 인증서에 포함된 공개키로 암호화(공통키 자체를 공개키로 암호화하는 것은 아닙니다. 공통키를 생성하는 기반이 되는 데이터를 공개키로 암호화합니다)해서, 클라이언트 PC와 서버가 안전하게 공유할 수 있게 합니다.

나머지는 공통키를 사용한 공통키 암호 방식으로 실제 데이터를 암호화하기만 하면 됩니다(그림 7-12).

그림 7-11   SSL로 암호화한 웹사이트의 예

그림 7-12   SSL 암호화의 흐름

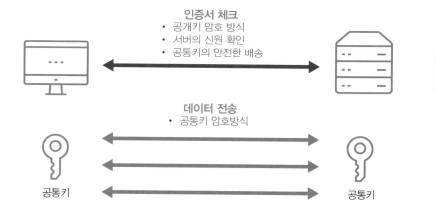

Point

✔ SSL에서는 디지털 인증서로 통신 상대방이 위조되지 않은 진짜인지 확인한다.

✔ 디지털 인증서에 포함되는 공개키를 이용해서 공통키를 안전하게 배송한다.

✔ 데이터는 공통키 암호 방식으로 암호화한다.

거점 간 통신을 저비용으로 안전하게 수행한다

거점 간 통신에 인터넷을 사용한다

기업의 복수 거점 LAN끼리 통신하기 위해서 WAN을 이용합니다. WAN을 통해서 자사의 거점 LAN끼리만 통신할 수 있는 사설 네트워크를 만들 수 있습니다. WAN 통신사업자가 제대로 보안을 확보해 준다는 장점도 있습니다. 단, WAN을 이용하려면 상당한 비용이 들어갑니다.

WAN 구축 비용과 비교하면 인터넷 접속 비용은 훨씬 저렴합니다. 단, 인터넷은 누가 접속했는지 알 수 없으므로, 데이터가 도청되는 등 보안에 관한 위험이 있습니다.

인터넷을 사설 네트워크로

인터넷을 경유해 거점 간 통신을 안전하게 할 수 있도록 **인터넷 VPN**(Virtual Private Network)을 이용합니다. 인터넷을 가상으로 사설 네트워크처럼 다루는 기술입니다. 여러 가지 구현 방법이 있지만, 인터넷 VPN의 주요 구현 방법을 소개합니다.

- 거점 LAN의 라우터 사이를 가상으로 연결한다(터널링).
- 거점 LAN 간의 통신은 터널을 경유하도록 라우팅한다.
- 터널을 경유하는 데이터를 암호화한다.

데이터 암호화에는 IPSec이나 SSL과 같은 암호화 프로토콜을 이용합니다. 덧붙여, 일반 인터넷으로 보내는 데이터는 암호화하지 않은 채 그대로 전송합니다(그림 7-14).

그림 7-13 거점 간 통신의 비교

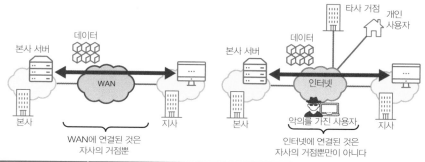

	WAN	**인터넷**
비용	높다	높지 않다
보안	통신사업자가 보안을 확보한다.	도청 등의 위험이 있다.

그림 7-14 인터넷 VPN의 개요

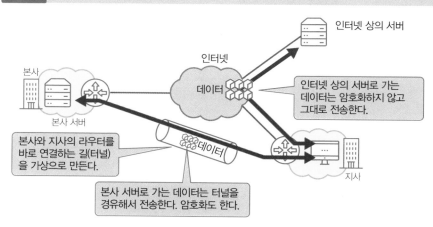

Point

✔ 인터넷을 사설 네트워크인 것처럼 다루는 기술이 인터넷 VPN

✔ 인터넷 VPN에서는 거점 간 라우터를 가상으로 연결한다.

✔ 거점 간 데이터는 터널을 경유하도록 해서 암호화도 한다.

실습코너

디지털 인증서를 확인해보자

Google 웹사이트의 디지털 인증서를 확인해봅시다.

웹브라우저로 Google 웹사이트에 접속합니다. Google의 크롬 브라우저를 이용할 경우, 주소창에 자물쇠 그림이 표시됩니다. 자물쇠 부분을 클릭하면, 팝업창이 열립니다. 다시 '인증서'를 클릭하면 인증서가 표시됩니다.

인증서에서 '자세히' 탭을 보면, Google의 공개키를 확인할 수도 있습니다.

그림 7-15 Google 웹사이트의 인증서

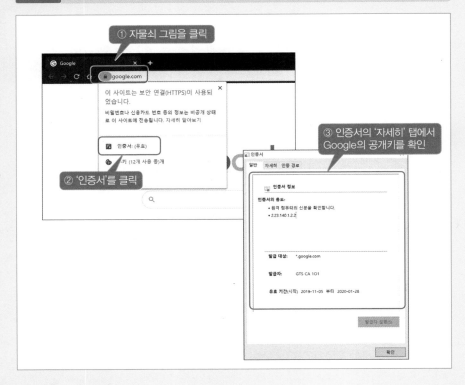

색인

그림으로 배우는 네트워크 원리

1판 1쇄 발행 2020년 2월 20일
1판 5쇄 발행 2023년 1월 31일

저   자 Gene
번   역 김성훈
발 행 인 김길수
발 행 처 (주)영진닷컴
주   소 서울특별시 금천구 가산디지털1로 128
          STX-V타워 4층 401호 (우)08507
등   록 2007. 4. 27. 제16-4189호

ISBN 978-89-314-6184-8